楞嚴呪 解義

능엄주 해의

楞嚴呪

능엄주 해의

解義

운주사

전수태田秀泰
전북 장수 출생
고려대학교 대학원 박사 과정 수료. 문학 박사
현재 국립국어연구원 학예연구관
고려대학교 사범대학 겸임 교수
한국어의미학회 회장

저서
『국어 이동동사 의미 연구』(1987)
『남북한 언어 비교』(1989: 공저)
『반의어 사전』(1990)
『북한의 언어정책』(1992)
『국어 반의어의 의미 구조』(1997)
『산스크리트 문법』(2002)

논문
「'가다', '오다'의 의미 연구」
「전제와 그 주변」 등 다수

능엄주 해의

초판 1쇄 발행 2003년 3월 7일 | 초판 3쇄 발행 2013년 3월 10일
지은이 전수태 | 펴낸이 김시열
펴낸곳 운주사 (136-034) 서울 성북구 동소문동 4가 270번지 성심빌딩 3층
전화 (02) 926-8361 | 팩스 0505-115-8361
ISBN 89-85706-97-7 03220 값 15,000원
http://cafe.daum.net/unjubooks 〈다음카페: 도서출판 운주사〉

들어가는 말

능엄주(楞嚴呪)는 『능엄경(楞嚴經)』에 포함되어 있는 주문(呪文)으로서 능엄경을 형성하는 데에 기초가 되었다. 그리고 이 주문은 부처님이 지적한 바와 같이, 모든 중생이 윤회의 고통에서 구제 받을 수 있는 중요한 도구가 되므로 지송(持誦)되어 왔음도 알 수가 있다. 그런데 불교계와 별다른 대화가 없는 저자가 보기에, 이처럼 커다란 비중을 차지하고 있는 불교계의 중요한 문화 유산이자 국어사 자료에 대하여, 일반 불교 신자가 그 뜻을 알 수 있도록 제대로 풀이해 놓은 저작이 아직 없다는 게 의아스러울 정도이다.

저자는 약천(若泉) 김민수(金敏洙) 스승님을 모시고 대장경파니니연구회 회원들과 함께 1999년 6월에 전남 장성 백양사(白羊寺)에서 스님들을 모셔 놓고 파니니 문법을 강의한 바 있다. 여기에서 우연히 청광사(淸光寺) 정원(淨園) 스님의 번역으로 되어 있는 능엄주 필사본을 입수하게 되었다. 이는 여러 군데에 설명을 위한 메모가 본문 주위에 써져 있는 것으로서, 역자가 강의용으로 만든 노트였다. 그리고 스님 스스로는 '번역(飜譯)' 이라는 말을 썼지만, 굳이 지적한다면 번역서라기보다는 여기저기 문법 사항과 어휘 의미를 자유롭게 써 넣은 개인 자료에 지나지 않았다. 그렇다면 저자가 아는 한 최근의 번역은 김진열(1993)이 유일한 셈이다. 그리하여 이 방면에 과문(寡聞)한 저자가 인쇄된 풀이 자료 하나를 내 보기로 결심을 하게 되었다.

단어 하나 하나를 일일이 사전에서 찾아 성 · 수 · 격에 따른 어미 형태와 인칭에 따른 동사의 활용 어미를 밝히고, 때로는 어느 격 형태가 다른 격의 의미로 전용(轉用)되는 문법 현상까지를 보이는 단행본 하나쯤 더 있어도 좋다고 생각한 것이다.

저자는 산스크리트어를 공부한 것이 그리 오래지 않다. 그것도 그야말로 혼자 공부하여 이에 대한 서너 편의 논문을 써 본 것과 파니니가 쓴 산스크리트 문법서를 번역해 본 정도이다. 그러므로 격 어미와 활용 어미가 무쌍한 산스크리트 문법의 해석에서 오류가 있을 수도 있고, 격 어미나 활용 어미에 대한 이해가 부족하여 어휘 의미를 놓칠 수도 있다. 이러한 부분은 공부를 더 해가면서 바로 잡을 것이다.

이 책은 제1장에서는 능엄주에 대한 대체적인 개관을 할 것이다. 제2장에서 부처님의 입을 통해 전하는 능엄주의 신통력, 즉 주술적인 힘을 소개하고, 제3장에서는 한글 대장경의 한글 표시와 한역(漢譯), 로마자 표기를 그대로 옮겨 본문으로 만든 다음 {범화대사전(梵和大辭典)}(1987)에서 뜻풀이를 찾아 본문을 해석해 나아가게 된다. 그리고 풀이하는 가운데에 중국본과 이른바 청광사본도 참조할 것이다. 제4장에서는 이 저작에서 언급되는 불교 용어를 풀이하여 독자의 이해를 도울 것이다.

저자의 번역서인 『산스크리트 문법』(2002)에서와 마찬가지로 이번 이 저작이 나오는 데에도 스승님이신 약천 김민수(金敏洙) 은사님과 저자가 몸담고 있는 국립국어연구원의 남기심 원장님의 은혜가 컸다. 그리고 대장경파니니연구회 동료들의 격려가 많은 도움이 되었다. 이 자리를 빌려 감사를 드린다. 그리고 이름 없는 작은 행복을 소중하게 가꾸어 가고 있는 사랑하는 아내 한명림과 학업에 전념하고 있는 린, 신, 진에게도 고마움을 전한다. 끝으로 수고해 주신 출판사 제위께도 고마운 마음을 전한다.

2003년 2월 20일

지은이 씀

『眞言集』 제20장~22장

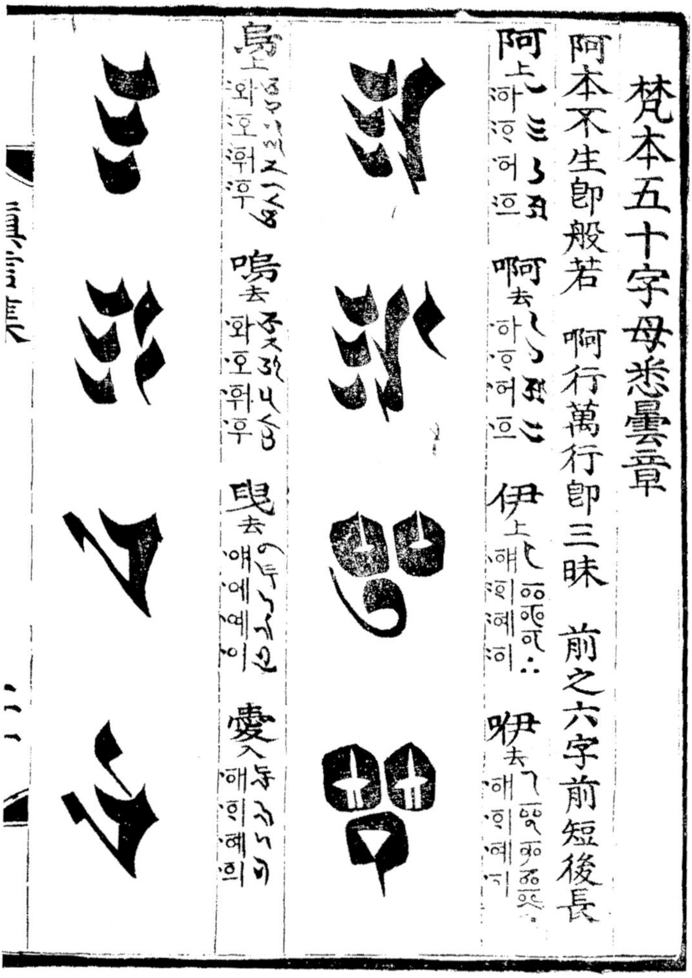

梵本五十字母悉曇章

阿本不生卽般若 啊行萬行卽三昧 前之六字前短後長

阿上 啊去 伊上 咿去

塢上 嗚去 曀去 愛入

汙去 화호훠후 吁入 화호훠후 暗去 함흠험흠 惡入 학혹헉흑

後之六字前長後短 暗證大空卽菩提 惡字淨除卽涅槃

二十般若卽不生

助音

里上 래리례리 哩去 래리례리 梨上 래리례리 唎去 래리례리

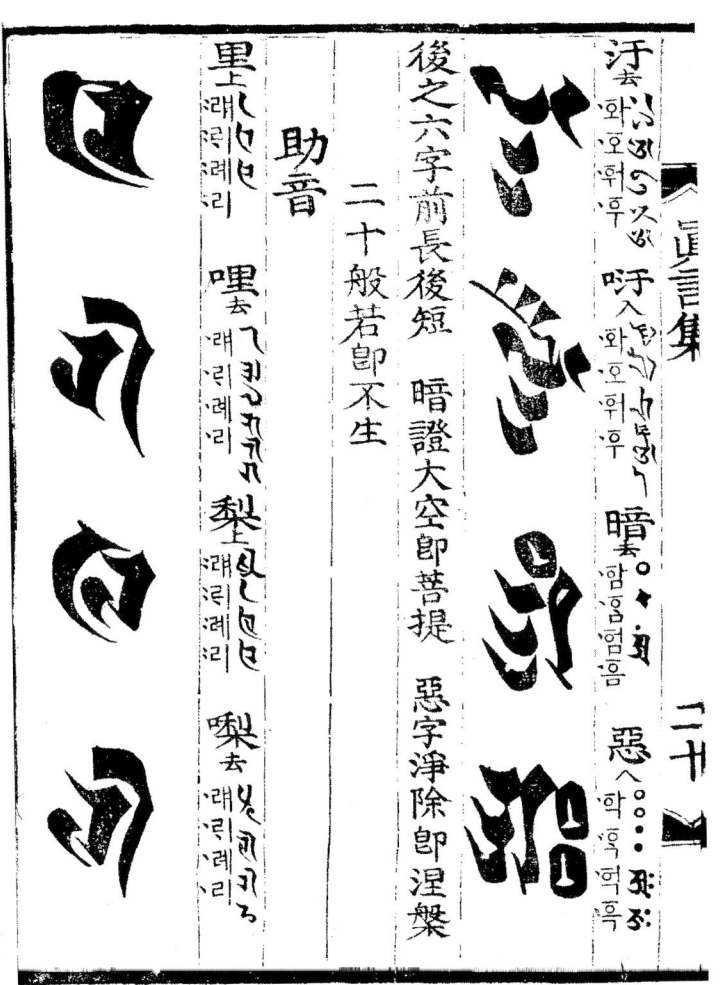

牙音

迦 平清 가갸거그
佉 平濁 카캬커크
誐 上 하햐허흐
伽 去 까꺄꺼끄
仰 入 앙양엉응

𑖎 𑖏 𑖐 𑖑 𑖒

齒音

左 平清 자쟈저즈
瑳 平濁 차챠처츠
惹 上 사샤서스
社 去 짜쨔쩌쯔
攘 入 샹샹셩슝

𑖓 𑖔 𑖕 𑖖 𑖗

舌音

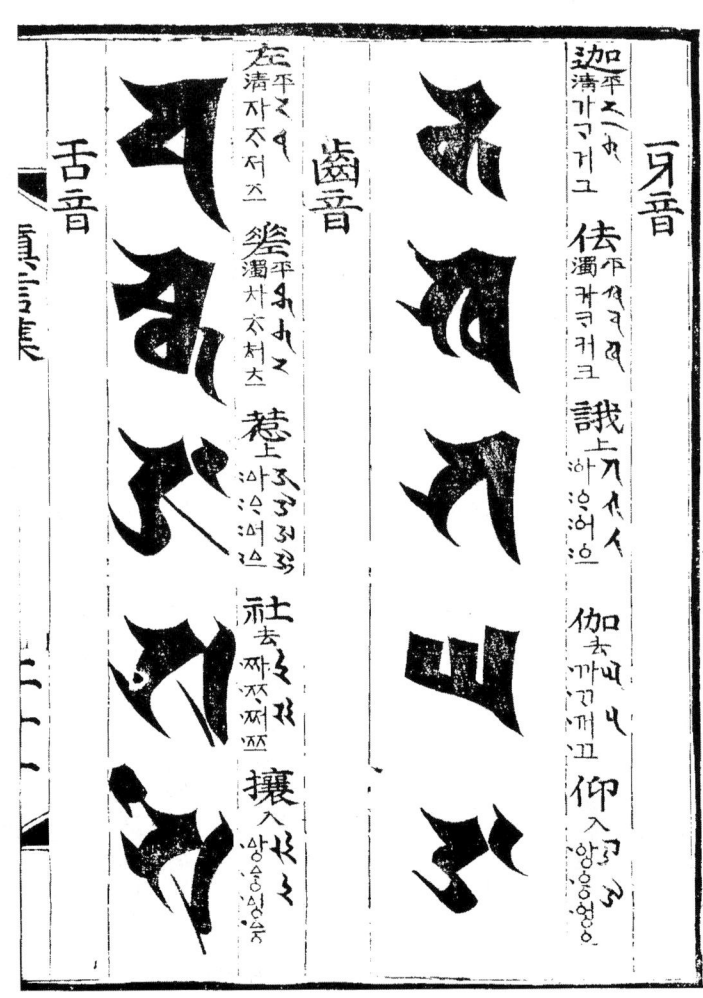

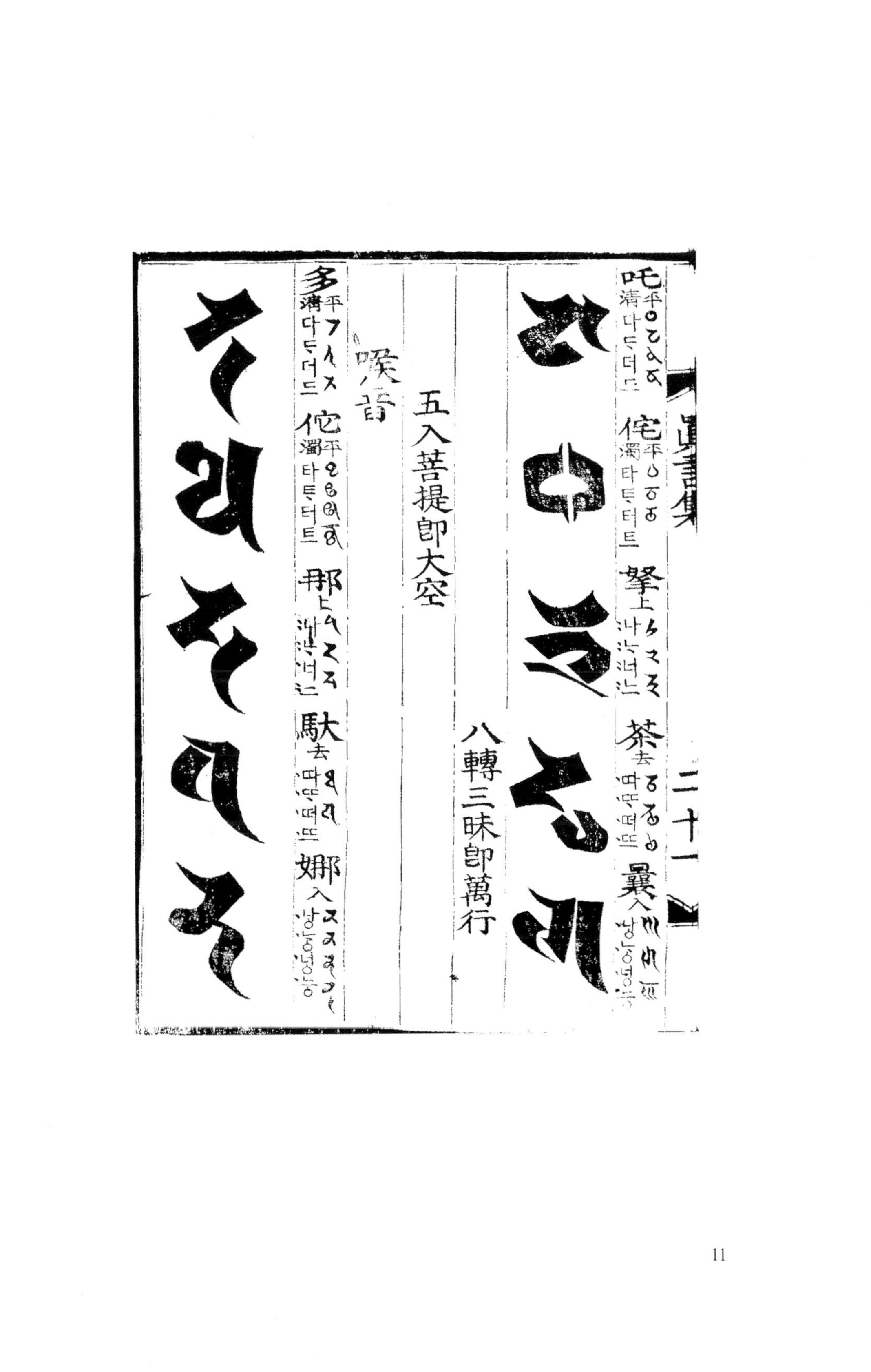

吒平 清 다 댜 더 뎌

侘平 濁 타 탸 터 텨

拏上 ᄔᅡ ᄔᅣ ᄔᅥ ᄔᅧ

荼去 따 땨 떠 뗘

曩入 낭 냥 넝 녕

八轉三昧卽萬行

五入菩提卽大空

喉音

多平 淸 다 댜 더 뎌

佗平 濁 타 탸 터 텨

那上 ᄔᅡ ᄔᅣ ᄔᅥ ᄔᅧ

駄去 따 땨 떠 뗘

娜入 낭 냥 넝 녕

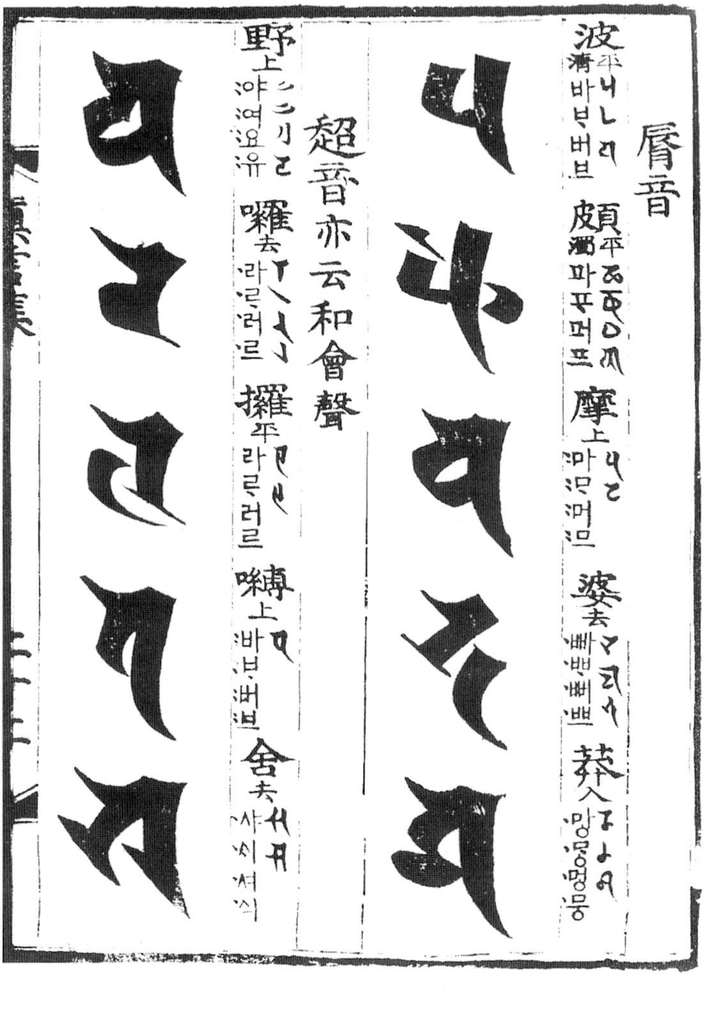
唇音
波 平 清 바바버브
頗 平 濁 파파퍼프
摩 上 마마머므
婆 去 빠빠뻐쁘
莽 入 망망멍뭉
超音亦云和會聲
野 上 야여요유
囉 去 라라러르
攞 平 라라러르
嚩 上 바바버브
舍 去 사시서싀

沙平 사 ᄼᆞ 서 ᄉᆞ 薩上 ᄽᆞ ᄿᆞ ᄿᅥ ᄽᆞ 賀去 햐 ᅘᆞ 햐 ᅘᆞ 乞灑平 가사 ᄀᆞ사 거셔 그셔 二合

八超涅槃卽淨除

前四頌中明能所證及修成本有之義亦有四智之義準以思之可解二十般若耆五聲字中各前四字也五入菩提者五聲字中各後一字也八轉三昧者十二轉聲中中間八字也八超涅槃者除灑字其餘是也五聲之中各初二字皆平聲以清濁分之各後三字則以上去入分之取五音之字若與上十二聲反之則如漢字反若與下超音相合則如灑之類上字半訓下字全訓

No. 1

강원 — 『大佛頂如來密因修證了義諸菩薩萬行首楞嚴經』 卷第七 — 一名中印度那蘭陀大道場經於灌頂部錄出別行 — 唐天竺沙門 般剌蜜帝 譯 705년

宗正 — 『大佛頂如來放光悉怛多鉢怛囉陀羅尼』 — 大興善寺 三藏沙門 不空 奉 詔譯

『大佛頂大陀羅尼』(悉曇梵字) 原 靈雲寺版 普通眞言藏 — (大正新修大藏經 第十九卷 No. 944 A.B. No. 945 (134頁~136頁, 137頁~141頁))

sūram-gama-sūtra

sūram-gama ~ 勇行, 健行, 健相, para miti = 極量

大佛頂如來放光悉怛多鉢怛囉菩薩萬行品灌頂部錄出一名中印度那蘭陀曼荼羅灌頂金剛大道場神呪

明覺 勘註 1056年 ~ ? 天喜四年生. 佛大 61卷 No. 2253, p. 806.

statnāgatō ṣṇīsam	sitâtapatram	aparājitam	pratyaṅgiram	dhāraṇī.
스따타ㅡ가또 우스니ㅡ삼	시따ㅡ따빠뜨람	아빠라ㅡ지땀	쁘라띠양기람	따ㅡ라니ㅡ
大 如 來 (佛)頂 髻 m-n-Sg-Ac.	白 傘 蓋 王位의 象徵. n-N-Ac-Sg	不能勝·無能超勝·降伏. 最强善能調伏.	各各·別別 佛의 異名. 聖仙의名. 威力, 人과神과의 中間역할하는使者.	總 持 呪
大如來 佛頂 尊勝 大佛頂如來 m-n-Sg-N.Ac.	白 傘 蓋 尊 n-Sg-N.Ac.	無能超勝 最强 調伏 形. n-Sg-N.Ac.	쁘라 땅 기라스 n-Sg-N.Ac. m-Sg-Ac.	陀 羅 尼. f-Sg-N.

此行의 梵字는 補充挿入 (一字挿入補充) (二字挿入補充)

歸命一切諸佛 (原本의 漢譯)

南 牟 薩 婆 怛他 伽 多 蘇伽 哆 耶 阿 羅 訶 帝 三 藐 三 菩 陀 耶 (歸命一切如來應正等覺) - - - - - - - - - - - - -

강원 南 無 薩 ... 多 ... 羅 ... 寫, 薩 婆 怛他 伽 多 佛 陀 俱 胝 烏 瑟尼 釤

naman sarva-tatnāgata-sugatāyârhate samyak-sambuddnāya, sarva-tatnāgata-buddna-koṭy-uṣṇīsam

나 맣 사르바 따타ㅡ가따 수가 따ㅡ야 아르하 떼ㅡ 사먁 삼 붇다ㅡ야 사르바 따타ㅡ가 따 붇 다 꼬ㅡ띠 우스니ㅡ삼

歸命 一切 如 來 善 逝 阿羅漢·應供 正 等 覺 m-n-Sg-D. 一切 如 來 佛陀 千萬億 (佛)頂 髻

一切 如來 善逝 應供 正等覺과, 一切 如來 佛陀의 千萬億의 佛頂께 歸依하오며 받드옵니다。

清光寺 淨園 스님 강의 노트

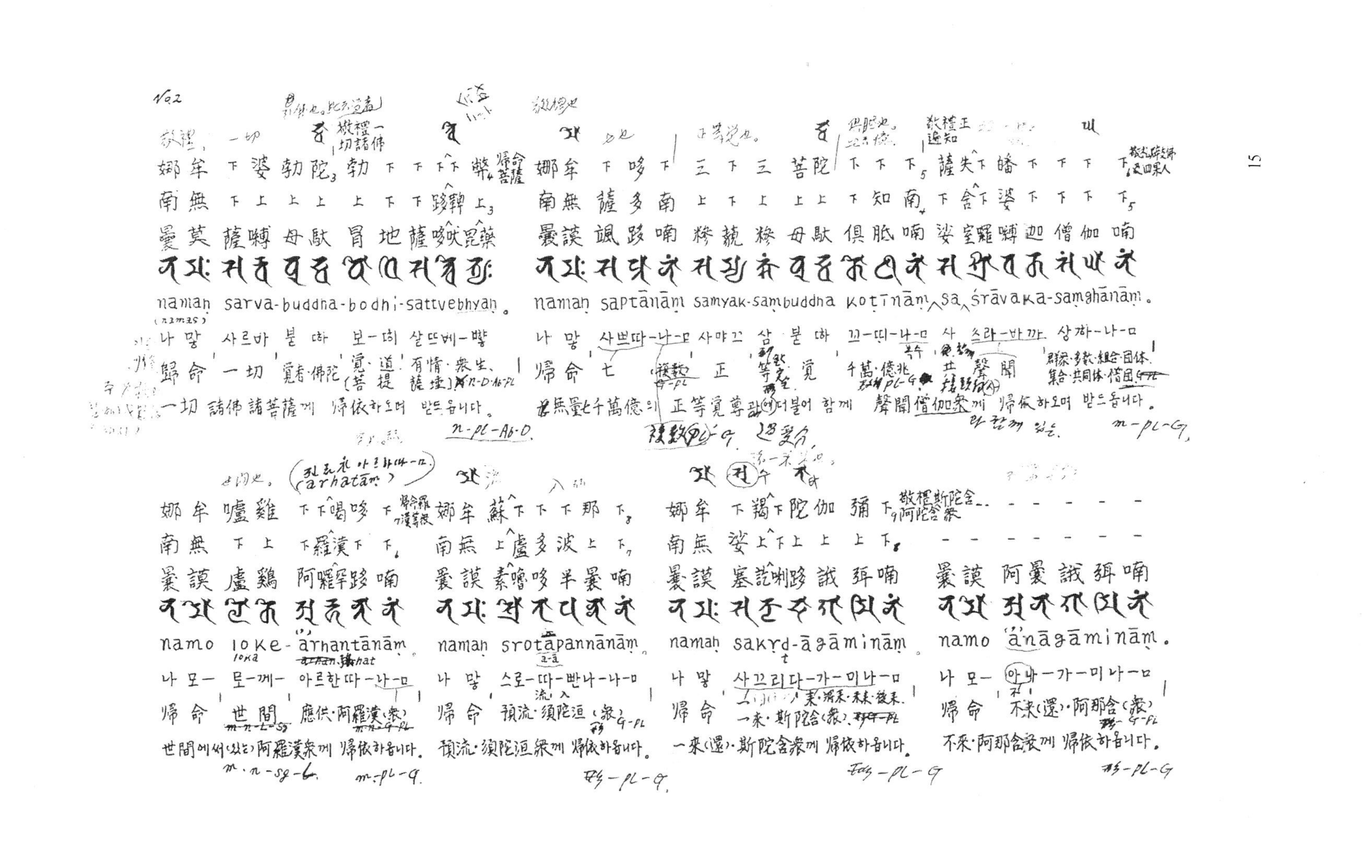

No.2

娜牟 婆勃陀 勃 𡅏 娜牟 哆 三 三 菩陀 薩失 皤

南無 跢鞞 南無 薩多南 知南 舍 婆

曩莫 薩嚩 母馱 冒地 薩哆吠毘藥 曩謨 颯跢喃 糝藐 糝母馱 倶胝喃 娑室囉嚩迦 僧伽 喃

namaḥ sarva-buddha-bodhi-sattvebhyaḥ。 namaḥ saptānāṃ samyak-saṃbuddha koṭīnāṃ sa śrāvaka-saṃghānāṃ。

나 망 사르바 붇 다 보-디 살뜨베-뱧 나 망 사쁘따-나-ㅁ 사먀끄 삼 붇 다 꼬-띠-나-ㅁ 사 스라-바까 상가-나-ㅁ

歸命 一切 覺者·佛陀 覺·道 有情·衆生 (菩提 薩埵) 歸命 七 (複數) 正 等 覺 千萬·億兆 共 聲聞 群衆·多數·組合·団体 集合·共同体·僧団

一切 諸佛 諸菩薩께 歸依하오며 받드옵니다。 無量七千萬億의 正等覺尊과 더불어 함께 聲聞僧伽衆께 歸依하오며 받드옵니다。

娜牟 嚧雞 喝哆 娜牟 蘇 那 娜牟 羯 陀伽 弭

南無 羅漢 南無 盧多波 南無 娑

曩謨 盧鷄 阿囉喝跢喃 曩謨 素嚕哆半曩喃 曩謨 塞訖唎跢 誐弭喃 曩謨 阿曩 誐弭喃

namo loke-ārhantānām。 namaḥ srotāpannānām。 namaḥ sakṛd-āgāminām。 namo ānāgāminām。

나 모- 로-께- 아르한따-나-ㅁ 나 망 스로-따-빤나-나-ㅁ 나 망 사끄리다-가-미나-ㅁ 나 모- 아나-가-미나-ㅁ

歸命 世間 應供·阿羅漢(衆) 歸命 預流·須陀洹(衆) 歸命 一來·斯陀含(衆) 歸命 不來(還)·阿那含(衆)

世間에서(있는) 阿羅漢衆께 歸依하옵니다。 預流·須陀洹衆께 歸依하옵니다。 一來(還)·斯陀含衆께 歸依하옵니다。 不來·阿那含衆께 歸依하옵니다。

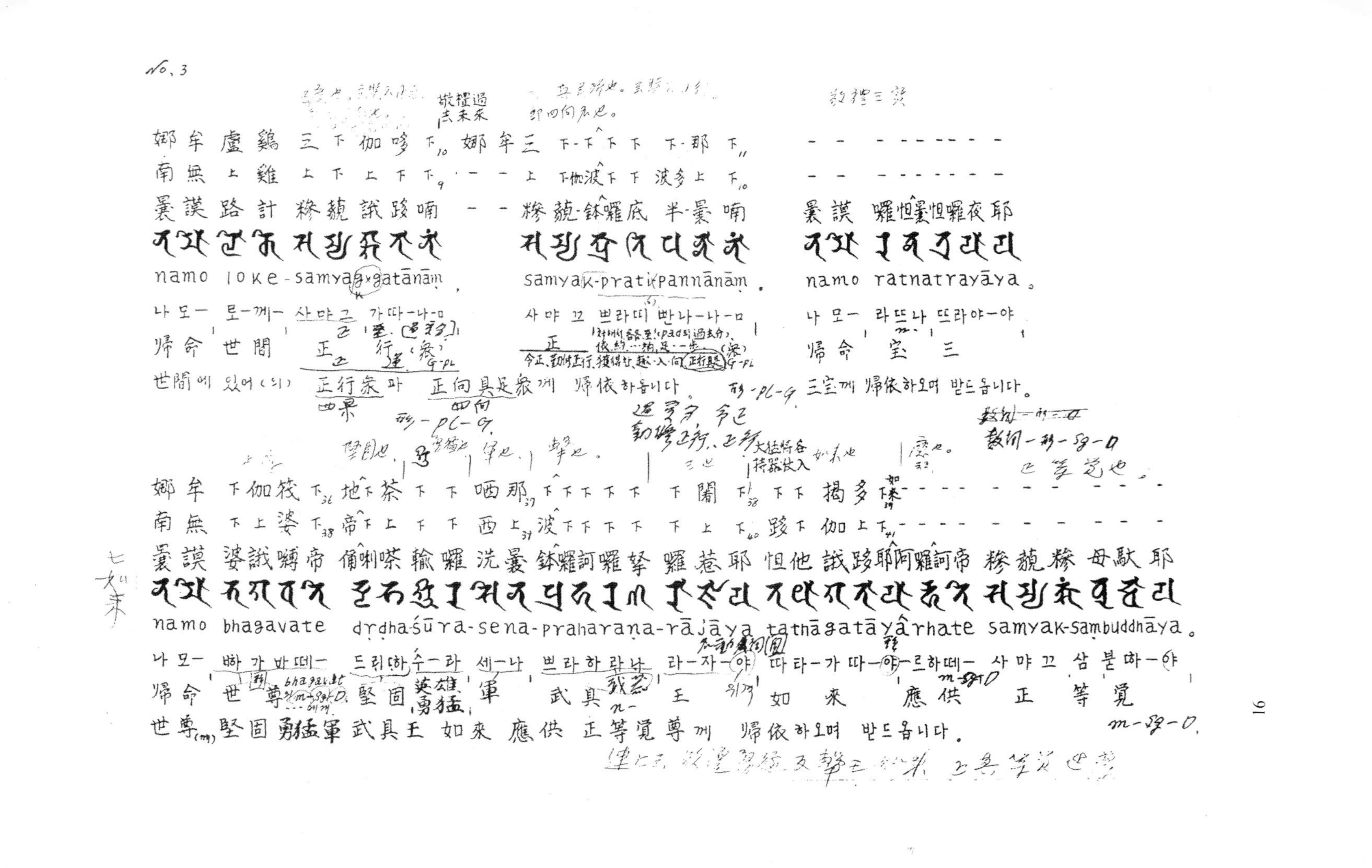

No. 3

敬禮過去未來 卽四向聖也。 敬禮三寶

娜牟 盧鷄 三 下 伽嗲 下 娜牟三 下-下 下 下 下-那 下 -- --------
南無 上 雞 上 下 上 下 下 --- 上 下伽波 下 下 波多 上 下 -- --------
曩謨 路計 糝藐 誐跢喃 -- 糝藐-鉢囉底 半-曩 喃 曩謨 囉怛曩怛囉夜耶

namo loke-samyag-gatānām, samyak-pratipannānām. namo ratnatrayāya。

나모ー 로ー께ー 사마그 가따ー나ー□ 사먀끄 쁘라띠 빤나ー나ー□ 나모ー 라뜨나 뜨라야ー야
歸命 世間 正 行(衆) 正 (衆) 歸命 寶 三
世間에 있어(의) 正行衆과 正向具足衆께 歸依하옵니다. 三寶께 歸依하오며 받드옵니다。

娜牟 下伽筏 下 地下茶 下 下 哂那 下下下下下 下 闍 下 下下 揭多 -----------
南無 下上婆 下 帝下上 下 下 西上 波下下下下 下 上 下 跢下 伽上下 -----------
曩謨 婆誐嚩帝 儞刚嗏 輸囉 洗曩 鉢囉訶囉拏 囉惹耶 怛他 誐跢耶 阿囉訶帝 糝藐 糝 母馱 耶

namo bhagavate dṛḍha-śūra-sena-praharaṇa-rājāya tathāgatāyârhate samyak-sambuddhāya。

나모ー 바가 바떼ー 드리다 수ー라 세ー나 쁘라하라나 라ー자ー야 따타ー가 따ー야ー르하떼ー 사먀끄 삼 붇다ー야
歸命 世 尊 堅固 英雄 勇猛 軍 武具 王 如 來 應供 正 等 覚
世尊께 堅固勇猛軍武具王 如來 應供 正等覚尊께 歸依하오며 받드옵니다.

楞嚴呪 解義

능엄주 해의 _차례

머리말 5

제1장 능엄주 개관 19
제2장 능엄주의 주력(呪力) 23
제3장 능엄주의 풀이 33
제4장 불교 용어 풀이 269

참고 문헌 291
찾아보기 293

제1장 능엄주 개관

능엄주(楞嚴呪)란 '용맹스럽게 정진하여 정(定)을 닦는 데 힘을 돕는 주문(呪文)'(Śūrnṅgama-samādhi-dhāraṇī)이라는 뜻이다.[1] 능엄주가 『능엄경(楞嚴經)』 찬술의 단서를 제공하였고, 또 『능엄경』 자체가 능엄주를 중심으로 이루어졌으므로 이의 비중은 그만큼 크다고 할 수 있다. 능엄주는 동국역경원의 한글 대장경 『대불정여래밀인수증요의제보살만행수능엄경(大佛頂如來密因修證了義諸菩薩萬行首楞嚴經)』 제7권에 실려 있다. 여기에는 한글과 반랄밀제(般剌密帝)의 한역(漢譯)이 본문으로 나오고, 범어의 로마자 표기는 주석으로 처리되어 있다.[2] 그리고 운허(耘虛) 스님의 한역(漢譯)도 아울러 소개하고 있다.

『능엄경』은 내용이 참선과 관계가 깊기 때문에 예로부터 우리나라 불교계에서도 매우 존중되어 온 경전이다. 그리하여 전문 강원(講院)의 교과목 가운데 『금강경(金剛經)』, 『원각경(圓覺經)』, 『대승기신론(大乘起信論)』과 함께 사교과(四教科)의 하나로 학습되어

---

1) 楞嚴呪의 原名은 '마하살단다반달라'(Mahā-sita-ātapatra)인데 이를 풀이하면 '크나큰 白傘蓋'(흰 비단으로 덮개를 만든 天蓋) 정도의 뜻이 된다.

2) 『佛教常識百科』 上(1994)에는 漢譯者가 般剌密帝(반자밀제)로 되어 있다.

왔다. 이 경은 인도의 유명한 절인 나란타사에 숨겨져 있어 당나라 이전까지 중국에 들어오지 못하다가, 당나라 4대 중종 때인 705년경 중인도의 반랄밀제에 의해 전래되고 그에 의해 한역되었다. 비록 밀교(密教) 사상이 가미되기는 했지만 참선이 역설되고 있기 때문에 밀교 쪽보다는 선가(禪家)에서 환영을 받아 중국의 주석가들은 대부분이 선승들이다. 송나라 인악(仁岳)의 『능엄경집해』(10권)를 비롯하여 여러 주석서들이 있다. 우리나라에서는 고려 시대 보환(普幻)의 『능엄경 신료』(2권)를 비롯하여 몇 가지 주석서들이 있다.

능엄주의 주술적인 힘에 대하여는 『수능엄경(首楞嚴經)』 제7에 잘 나타나 있다. 이에 따르면 "시방(十方)의 여래가 이 심주(心呪)를 의지하여 시방에서 여러 가지 고통을 구제하는데, 이른바 지옥의 아귀(餓鬼)와 축생(畜生)과 귀머거리와 벙어리와 절름발이와 원수와 미운 사람을 만나는 괴로움과 사랑하면서 이별하는 괴로움과 구해도 얻지 못하는 괴로움과 오음이 불꽃같이 무성함과 크고 작은 횡액(橫厄)을 동시에 해탈하게 하고, 도적의 난리와 전쟁과 법망에 걸리는 것과 갇히는 재난과 바람과 물·불의 재난과 목마르고 배고프며 가난함을 생각에 따라 없어지게 한다."고 말하고 있다.

능엄주의 해석만을 대상으로 한다면 한글 대장경에서는 한글 표기와 한역 그리고 각주에 범어의 로마자 표기가 되어 있을 뿐 우리말 번역이 없어 이 주문이 무슨 의미인지를 전혀 알 수가 없게 되어 있다. 또 여기에서 소개하고 있는 운허 스님의 한역 부분도 한글 표기와 한역밖에 없어 의미를 알 수 없기는 마찬가지이다. 그나마 우리말 번역이 되어 있는 것은 저자가 알기로는 『능엄경 연구 입문』(김진열, 1993)인데, 이 책의 제4장 '楞嚴呪 解義'는 고려본 능엄주와 송·원·명본 능엄주를 나란히 대비하여 범어 원문을 제시하고 이를 번역한 것을 내용으로 하고 있다. 고려본은 439구로 되어 있고, 송·원·명본 등 중국본은 427구로 되어 있는데 호흡 단락을 임의로 끊은 데서 비롯하기 때문에 구수(句數)의 가감은 별 의미가 없다.

이밖에는 필사본으로서 강의 노트 형식으로 되어 있는 청광사 정원 스님의 해석이 있는데, 여기에는 3종류의 한역이 소개되어 있다. 그런데 능엄주의 해석에서 고려대장경본과 중국본, 이른바 청광사본에서 의미 해석에 차이가 있는 것이 있어 저자를 어렵게 한다. 그리고 장단음 표시의 유무와 점이 위에 붙은 것인가, 아래에 붙은 것인가, 또는 없는가에 따라 다른 단어가 되는 산스크리트어에서 각각 달리 되어 있는 로마자 표기는 사전을 찾는 저자를 아주 당혹스럽게 하기도 한다.

여기에 한 가지 덧붙일 것이 있다. 저자가 교정을 보고 있는 사이에 이 책의 출판을 담당한 운주사의 김시열님에게서 『大如來佛頂楞嚴呪』(釋仁基, 1989)를 얻어 볼 수 있었다. 이는 한글 표기, 범자 원문 표기, 해석, 약간의 어휘 풀이의 체계를 가지고 있다. 로마자 표기가 빠져 있어 아쉽기는 하지만 저자에게는 귀중한 자료 하나를 더 참조할 수 있는 좋은 계기가 되었다. 여기에 적어 감사를 표한다.

제2장 능엄주의 주력(呪力)[3]

1.

부처의 10대 제자 가운데 아난(阿難)이 있다. 아난은 아난다(阿難陀), 범어로는 Ānanda이다. 부처의 제자 가운데 다문제일(多聞第一)로 유명한데, 부처의 사촌 동생이면서 제바달다의 친동생이다. 가비라성의 석가 종족의 가문에서 출생하였으며 부처가 성도(成道)하던 밤에 태어났다고 전한다. 8세에 출가하여 수행하였는데 미남인 탓으로 여자의 유혹이 여러 번 있었으나 지조가 견고하여 몸을 잘 보호하였으므로 수행을 완성하였다. 그의 전기에 따르면, 부처가 전법 생활한 지 20년쯤에 여러 제자들 가운데에서 시자(侍者)로 뽑혀 부처가 열반에 들 때까지 곁에서 시봉하였다. 때문에 부처의 설법을 가장 많이 들을 수 있었으며, 이를 인연으로 다문제일의 제자가 되어 부처가 멸도(滅度)한 뒤에 대가섭을 중심으로 한 제1차 경전 결집 때 중요한 위치를 차지하였고, 부처의 이모(姨母)인 교담미의 출가에 진력한 다한 일이 있다.

아난이 여러 여자의 유혹을 받는 가운데 '마등가'라는 여인의 꾐에 빠져 그녀의 딸에 의해 청정한 계(戒)를 깨뜨리게 되는 위기

3) 이 내용은 『佛教學大辭典』(1988), 『佛教常識百科 上』(1994), 한글 대장경 『首楞嚴經 外』(2001) 등에서 도움 받은 바 크다.

에 처하게 되었는데, 그때 부처가 능엄주의 신통력으로 구해준 일이 있다. 아난은 불법을 많이 들어서 알기는 하지만 참선을 닦아 도(道)의 힘을 기르지 못했음을 부끄럽게 여겨 깊이 후회하고, 부처에게 참선하는 방법을 청하게 됨으로부터 이 주가 설해지게 된 것이다. 다시 말해 악마의 장애를 물리치고 참선에 전념해 여래의 진실한 지혜를 얻게 함으로써 생사의 괴로움을 벗어나게 하려는 것이 이 능엄주의 목적이다.

아난이 마등가의 딸에게 미혹(迷惑)되어 있을 때 부처의 발에 이마를 대어 절하고는 아뢰었다.

"제가 출가한 뒤로 부처님의 사랑을 믿고 교만해져서 많이 듣기만 하였으므로 작용이 없는 경지를 증득하지 못하여 저 범천(梵天)의 삿된 술수에 걸렸사오니, 마음은 비록 밝고 또렷하였으나 자유롭게 움직일 힘이 없다가 부처님께서 보내신 문수보살을 만나서 벗어났나이다. 비록 부처님 정수리에서 나온 신비한 주력의 힘을 입었으나 아직 친히 듣지 못하였습니다. 바라옵건대 큰 자비로 다시 말씀하시어 이 모임에서 수행하는 모든 사람과 앞으로 윤회하는 모든 사람으로 하여금 부처님의 비밀한 법을 듣고서 몸과 마음이 해탈하게 하소서."

2.

(1)

이에 능엄주가 설해지고 이것이 끝난 다음 부처가 능엄주의 주력(呪力)에 대하여 아난에게 아래와 같이 설하고 있다. 여기에서 바로 능엄주의 주력이 어떤 것인지를 알 수가 있다.[4]

불광정취 시다다반다라 비밀가타 미묘장구는 시방의 모든 부처를 출생시켰는데, 시방의 모든 부처가 이 심주로 인하여 최상의 정변지각(正遍知覺)을 이루었다.

시방의 부처가 이 심주로 모든 마구니를 항복받고 외도들을 제어한다.

시방의 여래가 이 주문을 타고 보련화에 앉아 미진국토에 응한다.

시방의 여래가 이 주문을 머금어서 미진국토에서 대법륜을 굴린다.

시방의 여래가 이 심주(心呪)를 가지고 시방에서 이마를 만지며 수기하고 스스로 과업을 이루지 못하였더라도 시방에서 부처의 수기를 받는다.

시방의 여래가 이 심주를 의지하여 시방에서 여러 가지 고통을 구제하는데, 이른바 지옥과 아귀와 축생의 괴로움과 귀머거리와 벙어리와 절름발이의 괴로움과 원수와 미운 사람을 만나는 괴로움과 사랑하면서 이별하는 괴로움과 구해도 얻지 못하는 괴로움과 오음이 불꽃같이 무성함과 크고 작은 횡액을 동시에 해탈하게 하고, 도적의 난리와 전쟁과 법망에 걸리는 것과 갇히는 재난과 바람과 물·불의 재난과 목마르고 배고프며 가난함을 생각에 따라 없어지게 한다.

시방의 여래가 이 심주를 행하여 시방에서 친한 이, 인연 있는 이를 맞아들여서 소승들로 하여금 비밀장(秘密藏)을 듣고도 놀라

---

4) '呪力'이라는 말이 적절할지 모르겠다. 楞嚴呪의 주술적인 효력을 그렇게 표현해 보기로 한다. 부처나 보살에 대한 것은 평어체를 써서 객관화하기로 한다.

지 않게 한다.

시방의 여래가 이 심주를 외어 최상의 깨달음을 이루고 보리수 아래 앉아서 대열반(大涅槃)에 들게 된다.

시방의 여래가 심주를 전하여 멸도한 후에 불법을 부촉하여 최후까지 굳게 지키게 하고 계율을 엄하게 하고 깨끗하게 하여 다 청정케 한다.

내가 만일 이 불정광취 반다라주를 말하려면 아침부터 저녁까지 쉬지 않고 자구 중간에 하나도 중첩되지 않게 하여 항하사겁을 지내더라도 다할 수 없다.

이 주를 여래정(如來頂)이라고도 하는데, 너희 유학(有學)들이 윤회를 끊지 못한 이로서 지성으로 발심하여 아뇩다라삼먁삼보리를 향하려 하면서도 이 주를 지송(持誦)하지 않고 도량에 앉아서 몸과 마음에 마구니의 일을 멀리 하려는 것은 옳지 못하다.

(2)

모든 세계의 여러 국토에 있는 중생들이 그 나라에서 나는 벗나무 껍질이나 패다라나무 잎새나 또는 종이나 흰 비단에다 이 주문을 써서 향기 나는 주머니에 넣어 두어야 하며, 이 사람의 마음이 혼미하여 욀 수 없거든 몸에 지니거나 집안에 써 간직하면 이런 사람은 한 평생이 다하도록 모든 독이 조금도 해치지 못할 것이다.

내가 멸도한 뒤에 이제 이 주가 세간(世間) 사람을 구하여 대무외(大無畏)를 얻게 하며 중생이 세간을 해탈할 수 있는 지혜를 성취하게 하겠다.

내가 멸도한 뒤에 말세중생들이 스스로 외우거나 다른 이를 시켜 외게 하면 이렇게 지송하는 중생은 불이 태우지 못하고, 물이 빠뜨리지 못하며, 크고 작은 독기가 해치지 못하며, 나아가 하늘·용·귀신·정기·마구니와 도깨비의 악한 주문이 모두 붙을 수가 없어서 마음에 삼매를 얻어 모든 주문의 저주나 염고·약독·금독·은독과 풀·나무·해충·뱀 등 온갖 물체의 독기가 이 사람의 입에 들어가면 감로의 맛으로 변하며, 일체의 사악한 별과 모든 귀신이 악한 마음으로 사람을 해치려는 것들이 이 사람에게는 악해를 일으키지 못할 것이며, 빈나와 야가와 모든 악귀의 왕과 아울러 그 권속들이 깊은 은혜를 받았으므로 항상 보호받게 될 것이다.

마땅히 알아야 할 것은 이 주는 항상 팔만 사천 나유타 항하사 구지의 금강장왕보살(金剛藏王菩薩) 종족이 금강 무리의 권속이 되어서 밤낮으로 보호한다는 것이다.

가령 어떤 중생이 삼마지가 아닌 산란심으로라도 기억하거나 외우면 이 금강장왕이 그 선남자를 항상 따라다니거늘 하물며 보리심(菩提心)이 결정된 자이겠느냐? 이 모든 금강장왕보살은 정밀(靜謐)한 마음이 가만히 신속하게 신비한 의식을 발하므로 이 사람이 그때에 능히 팔만 사천 항하사겁을 기억하여 두루 분명히 알아서 의혹을 갖지 않을 것이다.

제일겁으로부터 후신에 이르기까지 날 적마다 야차·나찰·부단나·가타부단나·구반다·비사자 등과 모든 아귀와 형체가 있는 것이거나 없는 것, 생각이 있는 것이거나 없는 것, 그러한 나쁜 것에서는 태어나지 아니하며, 이 선남자가 이 주를 읽거나 외거나 쓰거나 그리거나 치거나 간직하여 여러 가지로 공양하면 겁마다 어느 생이라도 가난하고 하천한 좋지 못한 곳에 태어나지 않는다.

이 중생들이 비록 자신이 복을 짓지 못하더라도 시방 여래가 가지고 있는 공덕을 이 사람에게 줄 것이며, 그리하여 항하사 아승지의 이루 말할 수 없이 많은 겁 동안에 항상 모든 부처와 한 곳에 태어날 것이며, 한량없는 공덕이 악차(惡叉)열매(果)가 모여 있는 것과 같아서 한 곳에서 훈습하고 분산함이 없을 것이다.

그러므로 파계한 사람은 계(戒)의 근본을 깨끗하게 하며, 계를 얻지 못한 이는 계를 얻게 하고, 정진하지 못한 이는 정진하게 하고, 지혜가 없는 이는 지혜를 얻게 하고, 청정치 못한 이는 청정하게 하고, 재계(齋戒)하지 못한 이는 스스로 재계가 이루어지게 한다.

(3)

선남자가 주문을 지니고 있을 때에는 비록 주를 지니기 전에 계율을 범하였더라도, 주를 지닌 뒤에는 파계한 모든 죄의 가볍고 무거움을 막론하고 일시에 소멸할 것이며, 비록 술을 마시고 오신채를 먹어서 여러 가지로 부정한 행위가 있더라도 모든 부처와 보살들과 금강왕·하늘·귀신·신선이 허물 삼지 아니한다.

설사 부정하고 해진 옷을 입었더라도 한 번 거동하고 머무는 것이 모두 깨끗할 것이며, 비록 단을 만들지 않고 도량에 들어가지 않고 도를 닦지 않더라도 이 주(呪)를 지송하면 단에 들어가 도를 닦는 공덕과 같아서 조금도 다르지 않으며, 만일 오역(五逆)과 무간중죄(無間重罪)와 비구의 사기(四棄)[5]와 비구니의 팔기(八棄)[6]를 지었더라도 이 주를 지송하면 이러한 죄업이 거센 바람에

5) 비구가 네 가지 중죄, 즉 음행·살생·도둑질·거짓말을 범하면 추방하여 함께 살지 않는 것을 말함.

모래를 날리듯이 모두 없어져서 털끝만큼도 남지 아니할 것이다.

만일 중생이 한량없이 무수한 겁으로부터 지은 모든 가볍거나 무거운 죄와 업장을 지나간 세상으로부터 지금까지 참회하지 못하더라도, 만약 이 주문을 외우거나 읽거나 쓰거나 그리거나 몸에 차거나 거처하는 집안이나 별장에 간직하면 이렇게 쌓인 업장이 마치 끓는 물에 눈이 녹듯 하여 오래지 않아 모두 무생법인(無生法忍)을 얻게 될 것이다.

또, 어떤 여인이 아기를 낳지 못하여 낳기를 구하는 이가 지극한 마음으로 이 주를 생각하거나 몸에 이 시다다반다라주를 차면 복덕 있고 지혜 있는 자녀를 낳을 것이며, 장수하기를 원하는 자는 곧 장수하게 될 것이고, 과보가 빨리 원만하기를 구하면 원만하게 되며, 몸과 목숨, 색과 힘도 그와 같고, 죽은 뒤에는 소원대로 시방 국토에 왕생하며 결정코 변두리 땅이나 하천한 데에 태어나지 아니하거늘, 더구나 잡다한 형상이겠느냐?

만일 국토의 주현(州縣)이나 작은 마을에 흉년이 들거나 염병(染病)이 돌거나 혹은 난리가 나든지 도적이 들었던지 또는 싸움이 생기거나 그밖에 일체의 액난(厄難)이 있는 곳에 이 주를 써서 성의 사대문(四大門)과 깨끗한 도량〔支提〕이나 깃발〔脫闍〕 위에 봉안해 두거나, 그 국토에 사는 중생들로 하여금 이 주(呪)를 받들어 맞아 예배하고 공경하여 한결같은 마음으로 공양하며 몸에 차거나 거처하는 집안에 봉안하면 일체의 재앙과 액운이 모두 사라질 것이다.

---

6) 비구니의 8가지 重罪, 즉 네 가지 중죄 외에 남자와 접촉하거나, 은밀한 곳으로 끌어들이거나, 죄를 덮어주거나, 남자를 따라가는 죄를 지으면 버림을 받아 추방당하게 되는 것을 말함.

(4)

어느 곳에 있든지 어느 국토의 중생이든지 이 주문을 따라서 하늘과 용이 기뻐하고 비바람이 순조로워서 오곡은 풍년이 들고 백성은 안락하며, 또다시 일체의 악한 별이 곳곳에서 일으키는 변괴를 진압하여 재앙이나 장애가 일어나지 아니하며, 사람들도 횡액과 일찍 죽는 일이 없으며, 어떠한 형틀도 몸을 구속하지 못할 것이며, 밤낮으로 편안히 자며 악몽이 없으리라.

이 사바세계에 팔만 사천의 재변을 일으키는 악한 별이 있는데 스물 여덟 개의 큰 악한 별이 그 우두머리가 되고 여덟 개의 큰 악한 별[7]이 주장이 되어 갖가지 형상으로 세상에 나타날 때에 중생에게 갖가지 재난을 가져다주는데, 이 주문이 있는 곳에는 이러한 액난이 모두 소멸되고 12유순이 결계지(結界地)가 되어 여러 가지 나쁜 재앙이 영원히 들어가지 못할 것이다.

그러므로 여래가 이 주를 베풀어 보여서 미래세에 처음 배우는 사람으로 수행하는 자를 보호하여 삼마지에 들어가되 몸과 마음이 태연하여 편안함을 얻게 하며, 또다시 일체의 마구니와 귀신, 시작이 없는 과거로부터 맺어진 원수의 횡액과 묵은 재앙과 오래된 업장과 묵은 빚이 있는 자가 와서 서로 괴롭히거나 해를 끼침이 없을 것이다.

너와 이 모임 중의 배울 것이 있는 모든 사람과 미래세에 수행하는 이들이 나의 도량에 의지하여 법대로 계를 지키되, 계를 받는 주인으로 깨끗한 스님을 만나서 이 심주(心呪)를 지송하여 의문을 품지 않으면서 이러한 선남자가 부모가 낳아준 몸으로 마음

7) 8대 惡星은 金星, 木星, 水星, 火星, 土星, 羅候羅星, 計都星, 慧星이다. 이에 대하여는 釋仁基(1989) 참조.

에 통함을 얻지 못한다면 시방 부처가 한 말은 다만 거짓말이 될 것이다.

이렇게 부처가 말하니 모임 중에 있던 한량없는 백천의 금강력사가 일시에 합장하여 부처 앞에 이마를 대어 보리를 닦는 사람을 지성으로 보호하겠다는 약속을 하였다.

제3장 능엄주의 풀이

여기에서는 고려본 능엄주 총 439구(句)를 제1회~제5회로 나누어 풀이를 가해 보기로 한다. 풀이에는 『범화대사전(梵和大辭典)』, 『산스끄리뜨의 기초와 실천』, 『산스크리트 문법』 등의 도움을 받았다. 한역(漢譯), 로마자 표기, 한글 표기는 한글 대장경 『수능엄경 외(首楞嚴經 外)』를 따른 것이다. 번역문은 달리 참고할 자료가 없어 『능엄경연구입문』의 그것을 제시하기로 한다.

《능엄주 제1회》 8)

1. 南牟薩怛他蘇伽哆耶

   나무살다타소가다야

   Namas tathā sugātaya

   지극하신 여래와

8) 제1회는 '毘盧眞法會'에서 설하여진다. 이에 대하여는 釋仁基(1989) 참조.

namas는 중성 명사로서 '머리를 조아리는 것', '경례', '귀명(歸命)'(언어 또는 태도에 대하여)의 뜻이 있고, 때로는 여격과 더불어 감탄사로 사용되며, 한역(漢譯)으로는 '귀의', '귀명', '예(禮)', '경례', '귀례(歸禮)'의 뜻이 있다. 음사(音寫)로서는 '남무', '나모(那謨)', '남모(南謨)', '나모(那莫)'가 된다.[9] namas가 동사 형태로 쓰이려면 'namasya+명사의 대격형'이 되는 것이 원칙이다. tathā는 부사로서 '그렇게', '그처럼'의 뜻이며, 한역으로는 '여(如)', '차여(此如)', '여시(如是)', '여실(如實)', '역(亦)'이 된다, sugata는 형용사로서 '잘 되고 있다', '일이 잘 되다'의 뜻이며, 남성 명사로서는 '(어떤) 불타', '불교도', '불교의 스승' 등의 뜻이다. 음사로는 '수가타(修伽陀)', '수가다(修伽多)', '수가도(修伽度)' 등이 된다. sugatāya는 중성 명사 sugata의 단수 여격형이다. 참고로 -a로 끝나는 중성 명사의 성 · 수 · 격 어미를 보이면 아래와 같다.[10]

(1) satya. n. '진실'

	Sg.	Du.	Pl.
N.	stayam	satye	satyāni
Ac.	〃	〃	〃
Ins.	satyena	satyābhyām	satyaiḥ
D.	*satyāya*	〃	satyebhyaḥ
Ab.	satyāt	〃	〃

9) 이 책에서 산스크리트 어휘에 대한 해석은 전적으로 『梵和大辭典』(1987년, 講談社, 일본 동경)에 따른 것이다.

10) 이 책에서 보이는 명사의 성 · 수 · 격 어미와 동사(형용사)의 활용형에 대한 모든 예시는 스가누마 아키라의 『산스끄리뜨의 기초와 실천』(이지수 역, 1993)에 따른 것이다.

G.	satyasia	satyayoḥ	satyānām
L.	satye	〃	satyeṣu
V.	satya	satye	satyāni

2. 阿囉訶帝三藐三菩陀耶

아라하뎨삼먁삼뽇다야

arhate samayksaṃbuddhāya[11)]

응공(應供)이신 등정각자(等正覺者)에게 귀명하나이다.[12)]

arhat는 현재 분사로서 '상당하다', '가치 있다' 등의 뜻이 있으며, 남성 명사로서는 '가치 있는 사람'을 가리킨다. 한역으로는 '응(應)', '응공(應供)'이 되며, 음사로는 '나한(羅漢)', '아라한(阿羅漢)', '아라하(阿羅訶)'이다. samayksaṃbuddha는 과거수동분사로서 한역으로는 '등정각(等正覺)'이다. 음사로는 '삼야삼불(三耶三佛)', '삼먁삼불타(三藐三佛陀)'이다. 동사의 분사는 명사와 같이 격 변화하므로 samayksaṃbuddhāya는 samayksaṃbuddha의 여격형임을 알 수 있다. arhat 역시 명사처럼 쓰여 여격으로 활용되어 arhate가 되었다. 현재 분사가 명사처럼 어미 변화하는 것을 -at로 끝나는 동사의 경우로 예를 들어 보이면 아래와 같다. 그런데 이는 남성 명사처럼 변화한다.

---

11) 중국본에는 samayksaṃbuddhasya로 되어 있다.

12) 중국본 능엄주에는 1~2번이 1번으로 통합되어 있고 2번이 다음과 같이 되어 있다.
 샤트야타 붓다 코티슈니샴
 satyatā buddha koṭīshṇisham
 거룩하신 七俱胝佛께 귀명하나이다.

(2) -at어간의 동사 bodhat, √budh '깨닫다'의 현재 분사 〔강〕 bodhant, 〔약〕 bodhat[13)]

m.

		Sg.	Pl.
N.		bodhan	bodhantaḥ
Ac.		bodhantam	〃
Ins.		bodhatā	bodhadbhiḥ
D.		*bodhate*	bodhadbhyaḥ
Ab.		bodhataḥ	〃
G.		〃	bodhatām
L.		bodhati	bodhatṣu
V.		bodhan	bodhantaḥ
Du.	N. Ac. V.		bodhantau
	Ins. D. Ab.		bodhadbhyām
	G. L.		bodhatoḥ

3. 娜牟薩婆勃陀

나무살바붇다

Namaḥ sarva buddhāya[14)]

일체 제불(諸佛)과

---

13) 자음 어간의 명사에는 단수 주격에서 복수 호격에 이르기까지 전 변화를 통하여 어간에 변화가 없이 일정한 1어간 명사와 어간에 변화가 있는 다어간 명사가 있다. 다어간 명사는 다시 강약의 2어간을 갖는 것과 강중약의 3어간을 갖는 것으로 나누어진다.

14) 중국본에는 buddha로 되어 있다.

Namaḫ(3, 5, 8, 9, 11의 娜牟 등)는 namas(1의 南牟薩, 24의 娜牟塞 등), namo(7, 10, 12, 16, 17의 娜牟 등)와 같이 '~에 귀명함'의 뜻이다. 이 가운데 사전 표제어로 나오는 것은 중성 명사인 namas 하나뿐이다. namo는 '-as+유성 자음·모음·반모음'의 표면 구조이며, '-ḫ'는 보통 모음 다음에 붙는 것으로서 '위사르가'(visarga)라고 하는데, 발음에서는 앞의 모음을 동반하는 형태로 이루어진다. 표제어 namas에는 namo 'stu buddhāya를 '귀의불(歸依佛)', '예불(禮佛)'로 풀이하고 있고, namo 'stu te를 '아귀명(我歸命)'으로 풀이하고 있다. 이때 생략 부호는 모음 'a-'가 빠져나간 자리이다.[15] namas(namaḥ)가 동사 형태로 쓰이려면 'namasya+명사의 대격형'이 되는 것이 원칙이다. sarva는 형용사로서 '모든', '전체의', '일체의', '각각의' 등의 뜻을 갖고, 한역으로는 '일체', '개(皆)'의 의미이며, 음사로는 '살리전(薩哩轉)'이 된다. 남성 단수 명사로는 '각인(各人)', 복수로서는 '전원(全員)'의 뜻이다. 또, 중성 단수 명사로서는 '만사(萬事)'의 뜻을 가진다. buddha는 과거수동분사로서는 '목격한', '개오(開悟)한', '현명한', '알고 있

---

15) 어말 '-as'의 변화를 좀더 자세히 언급하면 다음과 같다.(스가누마 아카라, 이지수 역, 1993)
   a) as+유성 자음·반모음=o+유성 자음·반모음
      puruṣas gacchati=puruṣo gacchati
      pṛcchāmas vṛddhiṃ te=pṛcchāmo vṛddhiṃ te
   b) as+a=o+a=o'('부호는 아바그라하(avagraha)라고 하며, a가 소멸한 것을 나타낸다.
      tatas api=tato api=tato 'pi
      kas api=ko api=ko 'pi
   c) as+a 이외의 모음=a(s는 소멸)+a 이외의 모음
      bālas āgacchati=bāla āgacchati
      arjunas uvāca=arjuna uvāca

는', '인지한'의 의미이며 남성 명사로서는 '불타', '선행과 열반에 대하여 진실로 알고 이를 얻는 도(道)를 세상에 계시하는 각자(覺者)'라는 뜻이다. buddhāya는 남성 명사 buddha의 단수 여격형이다.

4. 勃地薩哆吠弊
   보디사다베뱌
   bodhisattvebhyaḥ
   보살들께 귀명하나이다.

bodhi-sattva는 남성 명사로서 '보살'(부처가 되기 전 최후의 단계에 있는 불교의 성자), '깨달음을 구하는 사람'으로 풀이되어 있다. 한역으로는 '개사(開士)', '대사(大士)', 음사로는 '보살(菩薩)', '보리살타(菩提薩埵)' 등이 된다. bodhisattvebhyaḥ는 남성 복수 명사 bodhi-sattva의 여격형이다.

5. 娜牟颯哆喃三藐三菩陀俱胝喃
   나무삽다남삼먁삼볻다구지남
   Namaḥ saptānāṃ samyaksaṃbussha-koṭīnāṃ
   칠구지(七俱胝) 등정각자(等正覺者)와

namas(namaḥ)가 동사 형태로 쓰이려면 'namasya+명사의 대격형'이 되는 것이 원칙이다. saptan은 형용사 또는 복수 명사로서는 '7'이며 '부정수(不定數)의 복수를 표현'하기 위해서도 사용한다. 주격, 대격으로는 sapta이다. saptānām은 sapta의 복수 속격형이다. samyaksaṃbuddha는 '등정각자'이다. koti는 여성 명사로서 '만곡(灣曲)된 선단(先端)', '극단', '첨단', '최고도', '우수'의 뜻이 있고, 수(數) 개념으로서는 '천만', '억', '만억', '십만' 등의 뜻이 있다.[16] koṭīnāṃ은 여성 명사 koti의 복수 속격형이다.[17] -i로 끝나는 여성 명사의 격 변화 표를 예로 보이면 아래와 같다.[18]

(3) mati. f. '사고, 지혜'

	Sg.	Du.	Pl.
N.	matiḥ	matī	matayaḥ
Ac.	matim	〃	matīh
Ins.	matyā	matibhyām	matibhiḥ
D.	mataye matyai	〃	matibhyaḥ
Ab.	mateḥ matyāḥ	matibhyām	matibhyaḥ
G.	mateḥ matyāḥ	matyoḥ	*matīnām*

---

16) 『佛教大辭典』(1993, 明文堂)에는 koṭi가 數 개념일 때에는 '億'으로만 되어 있다.

17) 5~15에서 의미상 여격으로 써야 할 곳에 속격을 쓴 것에 대하여는 Louis Renou(1966)의 *La Grammaire de Pāṇini* 또는 그 번역서인 『산스크리트 문법』(田秀泰, 2002)의 Ⅰ.4.32에서 참조가 된다. 뒤에서 '파니니 문법'이라고 되어 있는 것은 이 두 책을 이른다.

18) 복수 속격형은 본문에는 -nāṃ으로 되어 있고 『산스끄리뜨의 기초와 실천』(이지수역, 1993)에는 -nām으로 되어 있어 차이가 있다. 여기에서는 본문의 그것을 따르기로 한다.

L.	matau	matyoḫ	matiṣu
	matyām		
V.	mate	matī	matayaḫ

6. 薩失囉皤迦僧伽喃

사시라바가싱가남

sa-śrā vaka-saṃghanāṃ

성문(聖聞)들을 동반한 승가에게 귀명하나이다.

sa는 '결합', '공유', '유사(類似)', '동등'의 뜻이 있으며 불변사(不變辭)로서 일반적으로 형용사적 합성어를 이루는 요소이다. śrāvaka는 형용사로서 'Śru를 경청하는'의 의미인데, 명사로서는 남성으로서 '청문자(聽聞者)', '문제(門弟)', '불타 또는 Jina의 제자'의 의미가 된다. 한역으로는 '성문(聲聞)', '성문(聖聞)', '제자', '현성(賢聖)', '아라한(阿羅漢)' 등의 뜻이다. saṃghanāṃ은 남성 명사 saṃgha(僧伽)의 복수 속격형이다.[19]

7. 娜牟嚧鷄阿囉喝哆喃

나무로계아라하다남

Namo loke arhatānāṃ

세간에 있는 응공(應供)들께 귀명하나이다.

---

19) saṃgha는 『梵和大辭典』(1987)에서 확인하기 어려웠으나 일본 동경 靈友會 刊 『漢梵大辭典』(1997)에서 의미가 '僧伽'임을 확인하였다. 어미 변화로 미루어 보아 남성 명사로 보는 것이 타당하다.

namas(namaḥ)가 동사 형태로 쓰이려면 'namasya+명사의 대격형'이 되는 것이 원칙이다. loke는 남성 명사로서 '(자유스러운) 공간', '여지', '장소', '하늘', '땅', 단수 또는 복수로서 '인류', '국민'의 뜻이 있다. 한역으로는 '세(世)', '세간(世間)', '세계', '백성', '중생'의 의미가 있다. loke는 남성 단수 명사 loka의 처격형이다. arhat는 현재 분사로서 '상당하다', '가치 있다' 등의 뜻이 있으며, 남성 명사로서는 '가치 있는 사람'을 가리킨다. 한역으로는 '응(應)', '응공(應供)'이 되며 음사로는 '나한(羅漢)', '아라한(阿羅漢)', '아라하(阿羅訶)'이다. 2에서 설명한 바대로 현재 분사 또는 남성 명사인데 arhatānāṃ은 그의 복수 속격형이다.

8. 娜牟蘇嚕哆半那喃

나무소로다반나남

Namaḥ srota-apannānāṃ[20)]

예류[(預流(果)]들께 귀명하나이다.

namas(namaḥ)가 동사 형태로 쓰이려면 'namasya+명사의 대격형'이 되는 것이 원칙이다. srota-āpanna는 형용사로서 '예류(豫流)', '예류과(豫流果)'의 뜻이 있으며 음사로는 '수다원(修陀洹)'이다. srota-āpannaḥ가 그대로 '예류(豫流)'의 뜻으로 쓰이기도 한다. srota-apannānāṃ은 srota-āpanna의 복수 속격형이다.

---

20) 중국본에는 srota 'āpannānāṃ으로 되어 있다.

9. 娜牟塞羯唎陀伽彌喃

나무새가리다가미남

Namaḥ sakridāgāminām̩

일래〔一來(果)〕들께 귀명하나이다.

namas(namaḥ)가 동사 형태로 쓰이려면 'namasya+명사의 대격형'이 되는 것이 원칙이다. sakridāgāminām의 원형은 사전에는 sakṛdāgāmin이며 형용사로 표시되어 있고 한역으로는 '일래(一來)', '일환(一還)', '일래자(一來者)', '일래향(一來向)'이며 음사로는 '사다함(斯陀含)', '수다함(修陀含)'이다. 또한 sakṛdāgāmi-phala는 중성 명사로서 '사다함과(斯陀含果)'로 한역된다. sakridāgāminām은 sakridāgā mi의 복수 속격형이다. -i로 끝나는 명사의 복수 속격은 남성, 여성, 중성 등 모든 성에서 대체로 -nām̩형이다.

10. 娜牟盧鷄三藐伽哆喃

나무로계삼먁가다남

Namo loke samyaggatānām̩

세간에서 바르게 (聖果로) 걸어가는 자들에게 귀명하나이다.

namas(namaḥ)가 동사 형태로 쓰이려면 'namasya+명사의 대격형'이 되는 것이 원칙이다. loke는 남성 단수 명사 loka의 처격형이다. 여기에 대하여는 17 참조. samyaggatānām̩은 '정지(正至)', '정행(正行)', '정도(正道)'의 뜻이 있는 형용사 samyag-gata의 남성, 여성, 중성에 있어서의 복수 속격형이다.

11. 娜牟三藐鉢囉底半那喃

나무삼먁바라디반나남

Namaḥ samyakpratipannāsāṃ

바르게 (聖果로) 향해 가는 자들에게 귀명하나이다.

namas(namaḥ)가 동사 형태로 쓰이려면 'namasya+명사의 대격형'이 되는 것이 원칙이다. samyakpratipannānāṃ은 과거수동분사로서 한역으로 '영정(令正)', '근수정행(勤修正行)', '정행(正行)' 등의 의미가 있는 samyak-pratipanna의 복수 속격형이다.

12. 娜牟提婆喇史喃

나무뎨바리시남

Namo devarishināṃ

천신(天神)들과 성선(聖仙)들께 귀명하나이다.

namas(namaḥ)가 동사 형태로 쓰이려면 'namasya+명사의 대격형'이 되는 것이 원칙이다. deva는 형용사로서 '하늘의', '신성한' 등의 뜻이며 남성 명사로서는 '천상의 사람', '신격자', '신', '신성한 자', '바라문', '왕' 등의 뜻이 있다. 한역으로는 '천(天)', '천신(天神)'이 된다. riṣi는 남성 명사로서 한역으로는 '선(仙)', '범천(梵天)'이 된다. devarṣi는 남성 명사로서 '(신들 사이에서 사는) 신선', '신격화한 성자' 등의 뜻이 있으며 복수 명사로서는 '신들과 성선(聖仙)'

이라는 의미이다. -naṃ을 취하는 devarishināṃ은 devarṣi의 복수 속격형이다.

13. 娜牟微悉陀耶微地也陀囉喃

나무미싣다야비디야다라남

Namaḥ siddha vidyā-dharānāṃ

명주(明呪)를 성취하여 신통력을 지닌 이들에게 귀명하나이다.

namas(namaḥ)가 동사 형태로 쓰이려면 'namasya+명사의 대격형'이 되는 것이 원칙이다. siddha는 과거수동분사로서 '적중된', '성취된', '수행된', '실현된'의 뜻을 지니고 남성 명사로서는 '선견자', '예언자', 중성 명사로서는 '마력', '신통력'의 의미를 지닌다. 한역으로는 '성(成)', '성취'가 된다. vidyā-dhara는 형용사로서 '학술 또는 주문을 파지(把持)하는'의 의미이며 남성 명사로서는 'Śiva 신의 시자로서 신통력을 가지고 Himālaya에 거주하는 수호신의 일종'이라는 의미와 '요정'이라는 의미가 있다. 한역으로는 '지명(持明)', '지명술(持明術)', '지구술(持究術)', '지명자(持明者)'의 의미가 된다. vidyā -dharānāṃ은 vidyā-dhara의 복수 속격형이다.

14. 娜牟悉陀微地也陀囉㗚史喃

나무싣다비디야타라리시남

Namaḥ siddha vidhyā-dhararishināṃ

명주(明呪)를 성취하여 신통력을 지닌 성선(聖仙)들과

namas(namaḥ)가 동사 형태로 쓰이려면 'namasya+명사의 대격형'이 되는 것이 원칙이다. siddha는 과거수동분사로서 '적중된', '성취된', '수행된', '실현된'의 뜻을 지니고 남성 명사로서는 '선견자', '예언자', 중성 명사로서는 '마력', '신통력'의 의미를 지닌다. 한역으로는 '성(成)', '성취'가 된다. -dhāra는 남성 명사로서 '집(執)', '지(持)'로 한역되고, riṣi는 남성 명사로서 '선(仙)', '범천(梵天)'으로 한역된다. dhararishināṃ은 dhara-riṣi의 복수 속격형이다.

15. 舍波拏揭囉訶娑訶摩囉陀喃

사바나게라하사하마라타남

śāpā-anugrahā-samārthānāṃ

두루 이익을 섭수(攝受)하는 주(呪)들께 귀명하나이다.

śāpa는 남성 명사로서 '주문(呪文)', '(사람: 속격)에 대한 악구(惡口)'의 의미이다. anugraha는 남성 명사로서 '은혜', '은총', '호의', '원조', '격려'의 뜻이 있으며 '리(利)', '이익', '재리(財利)', '섭(攝)', '섭수(攝受)' 등으로 한역된다. samārthaka는 형용사로서 '동일한 의의(意義)가 있는'의 뜻이고, samārthatā는 여성 명사로서 '동리(同利)'의 뜻이다. -nāṃ은 복수 속격형이다.

16. 娜牟皤囉訶摩浘

나무바라하마니

Namo brahmaṇe

범천(梵天)에게 귀명하나이다.

namas(namaḥ)가 동사 형태로 쓰이려면 'namasya+명사의 대격형'이 되는 것이 원칙이다. brahman은 남성 명사로서 '성지(聖智)에 충만한 사람', '바라문', '범천(梵天)'의 뜻이며, '진정(眞淨)', '묘정(妙淨)', '청정', '청결' 등으로 한역되고, '범천', '범왕', '대범왕', '범천왕'으로 음사된다. brahmaṇe는 brahman의 여격형이다. -an으로 끝나는 남성 명사의 단수 여격형은 -ane이다. 참고로 -an으로 끝나는 남성 명사의 격 어미를 보이면 아래와 같다.

(4) ātman. m. '자아'

	Sg.	Du.	Pl.
N.	ātmā	ātmānau	ātmānaḥ
Ac.	ātmānam	〃	〃
Ins.	ātmānā	ātmabhyām	ātmabhiḥ
D.	*ātmane*	〃	ātmabhyaḥ
Ab.	ātmanaḥ	〃	〃
G.	〃	ātmanoḥ	ātmanām
L.	ātmani	〃	ātmaṣu
V.	ātman	ātmānau	ātmānaḥ

17. 娜牟因陀囉耶

나무인다라야

Namo indrāya

인드라 신(神)께 귀명하나이다.

namas(namaḥ)가 동사 형태로 쓰이려면 'namasya+명사의 대격형'이 되는 것이 원칙이다. indra는 남성 명사로서 'Indra 신', '제석천(帝釋天)', '최고위', '주(主)' 등의 뜻을 지니며 한역으로는 '왕', '주', '천주', '제왕'이다. 음사로는 '인(因)', '인다라(因達囉)', '인제리(因提梨)'가 된다. indrāya는 indra의 단수 여격형이다. -a로 끝나는 남성 명사의 격 변화를 보이기 위하여 bāla '소년'의 예를 들면 아래와 같다.

(5) bāla. m. '소년'

	Sg.	Du.	Pl.
N.	bālaḥ	bālau	bālāḥ
Ac.	bālam	〃	bālān
Ins.	bālena	bālābhyām	bālaiḥ
D.	*bālāya*	〃	bālebhyaḥ
Ab.	bālāt	〃	〃
G.	bālasya	bālayoḥ	bālānām
L.	bāle	〃	baleṣu
V.	bāla	bālau	bālāḥ

18. 娜牟婆伽嚩帝

나무바가바데

Namo bhagavate

세존이신

namas(namaḥ)가 동사 형태로 쓰이려면 'namasya+명사의 대격형'이 되는 것이 원칙이다. bhagavat는 '행운을 가진', '은혜받은', '신성(神性) 있는', '저명한', '신성한'의 뜻이 있고, 여성 명사로는 bhagavati, 남성 복수형으로는 bhagavatas이다. 남성 단수로서는 Viṣṇu 신(神), Kṛṣṇ 신, Śiva 신을 칭한다. 한역으로는 '세존', '유덕(有德)', '출유(出有)', '출유괴(出有壞)' 등이 된다. 음사로는 '박가범(薄伽梵)', '바가바(婆伽婆)'이다. bhagavate는 남성 명사 bhagavat의 단수 여격형이다. 위 2에서 언급한 bodhat, √budh '깨닫다'의 현재 분사형과 동일한 형태를 가진다.

19. 嚕陀囉耶

노다라야

rudrāya

루드라 신(神)과

rudra는 형용사로서 '무서운', '공포스러운'의 뜻이다. 한역으로는 '포악(暴惡)', '긴사(緊思)'가 된다. 남성 단수 명사로서는 '폭풍의 신', 복수로서는 'Rudra 신의 자식들인 Marut 신'(11 또는 33을 헤아린다)의 의미가 있다. 한역으로는 '포악', 음사로는 '율타(律他)',

'노달라(魯達羅)', '노날라(嚕捺羅)'이다. rudrāya는 남성 단수 명사 rudra의 여격형이다.

20. 烏摩鉢底娑醯夜耶
오마바디사혜야야
umāpati-sahitāya
(神妃)를 동반한 우마파티께 귀명하나이다.21)

umāpati는 umānātha와 동의어이며 남성 명사로서 'Umā의 남편', 즉 'Śiva 신(神)'이다. sahita는 과거수동분사로서 '가까이 있는', '접합된', '결합된'의 뜻을 가지는데 양수(兩數)로서는 '양자가 동시에'의 의미가 있고, 복수로서는 '결합된', '전부 일제히'의 뜻이 있다. 구격(具格)과 결합하여 '~이 수반된', '~과 함께 있는'의 뜻이 된다. 한역으로는 '공(共)'이다. -m이 더하여져 sahitam이 되면 부사로서 '즉어이시(卽於爾時)'의 의미를 지닌다. sahitāya는 과거수동분사 sahita의 남성 단수 여격형이다.

21. 娜牟婆伽筏帝
나무바가바뎨
Namo bhagavate
세존이신

---

21) 중국본에는 "우마파티 神 및 그의 권속에게 귀명하나이다."로 되어 있다.

namas(namaḥ)가 동사 형태로 쓰이려면 'namasya+명사의 대격형'이 되는 것이 원칙이다. bhagavat는 '행운을 가진', '은혜받은', '신성(神性) 있는', '저명한', '신성한'의 뜻이 있고, 여성 명사로는 bhagavati, 남성 복수형으로는 bhagavatas이다. 남성 단수로서는 Viṣṇu 신, Kṛṣṇ 신, Śiva 신을 칭한다. 한역으로는 '세존', '유덕(有德)', '출유(出有)', '출유괴(出有壞)' 등이 된다. 음사로는 '박가범(薄伽梵)', '바가바(婆伽婆)'이다. bhagavate는 남성 명사 bhagavat의 단수 여격형이다. 위 2에서 언급한 bodhat, √budh '깨닫다'의 현재 분사형과 동일한 형태를 가진다. 18과 같음.

22. 那囉延拏耶

나라연나야

nārāyaṇāya

나라야나야(곧 vishṇu) 신(神)과

nārāyaṇa는 남성 명사로서 '원인(原人, Nara)으로부터의 부계(父系) ; Brakma 신 또는 Viṣṇu 신 및 Kṛṣṇa 신과 동일시되어, Viṣṇu 신의 권화(權化)로서 Nārāyaṇa = Kṛṣṇa ; 인명(人名)'으로 되어 있고 음사로서는 '나라연(那羅延)', '나라연천(那羅延天)', '인종신(人種神)', '인생본(人生本)'으로 되어 있다. 남성 복수 명사로는 'Kṛṣṇa 신의 전사(戰士)', 형용사로서는 'Nārāyaṇa에 관한 또는 속하는', 'Viṣṇu 신 및 Kṛṣṇa 신에 관한' 등의 의미가 있다. 여성 명사는 -a 자리에 -ī를 붙이면 되는데 이는 'Durgā 신의 칭(稱)'이라는 의미가 있다. nārāyaṇāya는 남성 단수 명사 nārāyaṇa의 여격형이다.

23. 半遮摩訶沒陀囉

반자마하무다라

pañcamahāsammudrā

오대인(五大印)에게 귀명하나이다.[22)]

pañca는 형용사로서 한역이 '오(五)'이다. mahāsammudra(사전에는 mahāsamudra)는 남성 명사로서 '대양(大洋)', 음사로는 '대해(大海)', '해(海)'이다. mahāsamudrā는 여성 주격형이지만 의미상 mahāsamudra의 여격으로 쓰였음을 알 수 있다.

24. 娜牟塞訖哩多耶

나무새가리다야

Namas-kritāya

정례(頂禮)하여 귀명하나이다.

Namas에 대하여는 1을 참조하면 된다. namas(namaḥ)가 동사형태로 쓰이려면 'namasya+명사의 대격형'이 되는 것이 원칙이다. 어근 Kṛ는 '짓다', '하다', '실행하다' 등과 관련이 있다.

25. 娜牟婆伽筏帝摩訶迦囉耶

나무바가바데마하가라야

Namo bhagavate mahā-kālāya

---

22) 五大印은 '佛智의 내용을 5로 표시한 五佛頂尊의 印相'이다. 이에 대하여는 釋仁基(1989) 참조.

세존이신 대흑천신(大黑天神; Śiva의 異名)의

namas(namaḥ)가 동사 형태로 쓰이려면 'namasya+명사의 대격형'이 되는 것이 원칙이다. bhagavat는 형용사로서는 '행운을 가진', '은혜받은', '신성(神性) 있는', '저명한', '신성한'의 뜻이 있고, 여성 명사로는 bhagavati, 남성 복수형으로는 bhagavatas이다. 남성 단수로서는 Viṣṇu 신, Kṛṣṇ 신, Śiva 신을 칭한다. 한역으로는 '세존', '유덕(有德)', '출유(出有)', '출유괴(出有壞)' 등이 된다. 음사로는 '박가범(薄伽梵)', '바가바(婆伽婆)'이다. bhagavate는 남성 명사 bhagavat의 단수 여격형이다. 이에 대하여는 18을 참조할 수 있다. mahā-kāla는 남성 명사로서 '세계의 대파괴자로서의 Śiva 신의 형상', 'Śiva 신 종자(從者)의 이름'의 뜻이 있고, 한역으로는 '대흑(大黑)', '대시(大時)'가 된다. 음사(音寫)로는 '마하가라(摩訶伽羅)', '마하가타(摩訶伽吒)'이다. mahā-kālāya는 남성 단수 명사 mahā-kāla의 여격형이다.

26. 底哩補囉那伽囉

디리보라나가라

tri-pura-nagara

삼궁성(三宮城)을

tri는 복수 남성 명사, 복수 중성 명사이다. 여성 복수로는 tisṛ인데 '삼(三)'의 뜻이다. 처격 복수형으로는 tiṣu이다. 사전에서는 세 가지 성(性) 모두에 있어서 이것이 형용사로 쓰임을 보이고 있다. pura는 중성 명사로서 '성(城)', '요새화한 도시'의 뜻이다. 한역으로는 '성', '성읍', '성곽', '성황(城隍)', '궁(宮)', '궁실', '궁궐'이 된다. tri-pura는 Asura의 삼성채(三城砦)를 지칭한다. nagara는 중성 명사로서 '시', '도시', '도성'의 의미이며, 한역으로는 '성', '성읍', '성곽', '취락', '국(國)', '국성(國城)'이 된다. 의미상으로 보아 대격이고 -a로 끝나는 중성 단수 명사의 대격은 -m을 취하므로 nagaram이 되어야 할 터인데 원형 그대로 nagara가 쓰였다.

27. 毗陀囉皤拏迦囉耶

비다라바나가라야

vidrāpaṇa-karāya

파괴하여버린

vidrāpaṇa가 아닌 vidrāvaṇa가 사전에 보이는데 이는 형용사로서 '도주시키는', '떨어뜨리는'의 뜻이 있고, 중성 명사로서는 '도주시키는 것'의 의미가 있다. 한역으로는 '강(降)', '파(破)'가 된다. kara는 형용사로서(여성형은 karī) '행하다', '하다', '야기하다'의 뜻을 가진다. 한역으로는 '발(發)', '작(作)', '능작(能作)', '소작(所作)', '생(生)', '증장(增長)'이 된다. 남성 명사로서는 '하는 것', '만드는 것', '손', '(코끼리의) 코' 등의 의미가 있고 한역으로는 '손'이다. karāya는 형용사 kara가 남성 명사 또는 중성 명사를 꾸미는 단수 여격형으로 활용된 것이다.

28. 阿底目多迦尸摩舍那縛悉逕

아디목다가시마샤나바시니

adhimuktaka-śmaśāna-vāsine

아디무크타카 신의 묘지에서 살고 있는

adhimuktaka는 사전 표제어에 보이지 않는다. 단, adhimukti, adhimuktika가 보인다. 참고로 말하면 adhi는 부사로서 '위에', '안에'의 뜻이고 mukti는 여성 명사로서 '해방', '구제(救濟)', '방기(放棄)'의 뜻이다. śmaśāna는 중성 명사로서 '매장지', '화장지', '묘지', '조선(祖先)에의 제의(祭儀)' 등의 뜻이 있다. 한역으로는 '총묘', '총간(塚間)', '시림(尸林)', '시다림(尸陀林)', '화장장(火葬場)'이 된다. vāsin은 형용사로서 '(안에, 사이에) 체재하는', '사는'의 뜻이며 한역으로는 '거주(居住)', '거재(居在)'이다. vāsine는 vāsin의 남성 단수 여격형이다. 참고로 -in으로 끝나는 형용사의 어미 변화표를 보이면 아래와 같다.

(6) dhanin '부유한'(dhana n. '재산')

m.

	Sg.	Du.	Pl.
N.	dhanī	dhaninau	dhaninaḥ
Ac.	dhaninam	〃	〃
Ins.	dhaninā	dhanibhyām	dhanibhiḥ
D.	*dhanine*	〃	dhanibhyaḥ
Ab.	dhaninaḥ	〃	〃
G.	〃	dhaninoḥ	dhaninām

L.	dhanini	〃	dhaniṣu
V.	dhanin	dhaninau	dhaninaḥ
		n.	
N. Ac.	dhani	dhaninī	dhanīni
V.	dhanin	〃	〃
	dhani		

이하 m.과 같음.

여성형은 dhaninī로서, -ī로 끝나는 다음절(多音節) 명사의 격변화에 따른다.

29. 摩怛唎伽拏

마다리가나

mātri-gaṇāṃ

마트리 여신중(女神衆; 大黑天神妃)께 귀명하나이다.

mātri는 사전 표제어에 보이지 않는다. gaṇa는 남성 명사로서 '군중', '대중', '다수', '연합', '집단' 등의 뜻이 있으며 한역으로는 '중(衆)', '취(聚)', '대중(大衆)'이 된다. 음사로는 '수(數)', '무수(無數)'이다. gaṇāṃ는 남성 명사 gaṇa의 단수 대격형이다.[23)]

---

23) 29에서 의미상 여격이어야 할 곳이 대격으로 써진 것에 대하여는 『梵和大辭典』(1987)에서 동사 namasyati가 여격 대신 대격을 취하여 '~에 귀명하다'의 의미를 갖는다고 풀이하고 있는 것과 Louis Renou의 *La Grammaire de Pāṇini* Ⅰ.4.32의 하반부와 Ⅰ.4.36에서 얼마간 참조가 된다. 이는 69에서 여격 대신 대격을 취하는 것에도 적용된다.

30. 娜牟塞訖唎多耶

나무새가리다야

Namas-kritāya

정례(頂禮)하여 귀명하나이다.

Namas에 대하여는 1을 참조하면 된다. namas(namaḥ)가 동사 형태로 쓰이려면 'namasya+명사의 대격형'이 되는 것이 원칙이다. 어근 Kṛ는 '짓다', '하다', '실행하다' 등과 관련이 있다. 24와 같음.

31. 娜牟婆伽筏帝怛他揭多俱囉耶

나무바가바데다타가다구라야

Namo bhagavate tathāgata-kulāya

세존이신 여래부(如來部)에 귀명하나이다.

namas(namaḥ)가 동사 형태로 쓰이려면 'namasya+명사의 대격형'이 되는 것이 원칙이다. bhagavat는 '행운을 가진', '은혜받은', '신성(神性) 있는', '저명한', '신성한'의 뜻이 있고, 여성 명사로는 bhagavati, 남성 복수형으로는 bhagavatas이다. 남성 단수로서는 Viṣṇu 신, Kṛṣṇ 신, Śiva 신을 칭한다. 한역으로는 '세존', '유덕(有德)', '출유(出有)', '출유괴(出有壞)' 등이 된다. 음사로는 '박가범(薄伽梵)', '바가바(婆伽婆)'이다. bhagavate는 남성 명사 bhagavat의 단수 여격형이다. Namo bhagavate는 18 참조. tathāgata는 형용사로서 '이렇게 춤추는', '이러한 상태에 있는', '이러한 성질 또는 본성의', '이와 같은'의 뜻이 있다. 남성 명사로서는 '불교도'의 의미이다. 한역으로는 '여래', '불(佛)', '세존'이 되고 음사로는 '다타아가도(多陀阿伽度)', '다타아가타(多陀阿伽馱)', '다타아가도(多他阿伽度)'이다. kula는 중성 명사로서 '군(群)', '군집(群集)', '집단', '족(族)', '가족', '조합' 등의 의미이다. '종(種)', '종족', '가족'으로 한역된다. kulāya는 kula의 여격형이다. 'tathāgatakula는 중성 명사로서 '여래가(如來家)', '불가(佛家)', '여래지(如來地)'로 한역된다. tathāgatakulāya는 중성 단수 명사 tathāgatakula의 여격형이다.

32. 娜牟鉢頭摩俱囉耶
　　나무바두마구라야
　　Namaḥ padma-kulāya
　　연화부(蓮華部)에 귀명하나이다.

namas(namaḥ)가 동사 형태로 쓰이려면 'namasya+명사의 대격형'이 되는 것이 원칙이다. padma는 남성 명사, 중성 명사로서 '연화(蓮華)', 형용사로서 '연화색(蓮華色)을 가진'의 뜻이 있다. 여성 명사형은 padmā이다. '화(花)', '연(蓮)', '연화(蓮華)', '연화(蓮花)', '홍련화(紅蓮華)', '적련화(赤蓮華)'로 한역된다. 음사로는 '파모(波慕)', '파다마(波陀摩)', '파두마(波頭摩)'가 된다. kula는 중성 명사로서 '군', '군집', '집단', '족', '가족', '조합' 등의 의미이다. '종', '종족', '가족'으로 한역된다. kulāya는 kula의 여격형이다.

33. 娜牟筏折囉俱囉耶

나무바절라구라야

Namo vajra-kulāya

금강부(金剛部)에 귀명하나이다.

namas(namaḥ)가 동사 형태로 쓰이려면 'namasya+명사의 대격형'이 되는 것이 원칙이다. vajra는 남성 명사, 중성 명사로서 '뇌전(雷電)', '금강석'(일반적으로 중성)의 의미이며 '금강(金剛)', '벽력(霹靂)', '벽력금강(霹靂金剛)' 등으로 한역된다. 음사로는 '전일라(囀日羅)', '화이라(和夷羅)' 등이 된다. 이밖에 남성 명사로서는 '진형(陣形)의 일종', '산 이름', 중성 명사로서는 '전격(電擊)을 주는 것, 특히 말〔言語〕'의 뜻이 있다. kula는 중성 명사로서 '군', '군집', '집단', '족', '가족', '조합' 등의 의미이다. '종', '종족', '가족'으로 한역된다. kulāya는 중성 명사 kula의 여격형이다.

34. 娜牟摩尼俱囉耶

나무마니구라야

namo maṇi-kulāya

보부(寶部)24)에 귀명하나이다.

namas(namaḥ)가 동사 형태로 쓰이려면 'namasya+명사의 대격형'이 되는 것이 원칙이다. maṇi는 남성 명사로서 '진주', '주옥', '보석'의 의미이며 '주(珠)', '보주(寶珠)', '여의보주(如意寶珠)', '명주

---

24) 중국본에는 '如意寶部'로 되어 있다.

(明珠)', '명옥(珠玉)' 등으로 한역된다. 음사로는 '마니주(摩尼珠)', '마니(摩尼)'가 된다. kula는 중성 명사로서 '군', '군집', '집단', '족', '가족', '조합' 등의 의미이다. '종', '종족', '가족'으로 한역된다. kulāya는 중성 명사 kula의 여격형이다.

35. 娜牟伽闍俱囉耶

나무가사구라야

Namo gaja-kulāya

상부(象部)에 귀명하나이다.

namas(namaḥ)가 동사 형태로 쓰이려면 'namasya+명사의 대격형'이 되는 것이 원칙이다. gaja는 남성 명사로서 '상(象)'을 뜻한다. 한역 역시 '상(象)'이다. kula는 중성 명사로서 '군', '군집', '집단', '족', '가족', '조합' 등의 의미이다. '종', '종족', '가족'으로 한역된다. kulāya는 중성 명사 kula의 여격형이다.

36. 娜牟婆伽筏帝

나무바가바데

Namo bhagavate

세존이신

namas(namaḥ)가 동사 형태로 쓰이려면 'namasya+명사의 대격형'이 되는 것이 원칙이다. bhagavat는 '행운을 가진', '은혜받은', '신성(神性) 있는', '저명한', '신성한'의 뜻이 있고, 여성 명사로는 bhagavati, 남성 복수형으로는 bhagavatas이다. 남성 단수로서는 Viṣṇu 신, Kṛṣṇ 신, Śiva 신을 칭한다. 한역으로는 '세존', '유덕(有德)', '출유(出有)', '출유괴(出有壞)' 등이 된다. 음사로는 '박가범(薄伽梵)', '바가바(婆伽婆)'이다. bhagavate는 남성 명사 bhagavat의 단수 여격형이다. 위 2에서 언급한 bodhat, √budh '깨닫다'의 현재 분사형과 동일한 형태를 가진다. 18과 같음.

37. 地唎荼輸囉哂那
디리다슈라세나
driḍha-śura-sena
용맹한 군사를

driḍha는 사전의 표제어에 보이지 않는다. śura는 형용사로서 '영웅적인', '호전적인', '용기 있는', '용감한' 등의 뜻이 있고 남성 명사로서는 '영웅', '(어떤 사람 : 처격)에 대하여 또는 (어떤 사물 : 구격, 처격)에 대하여 영웅적인 행위를 하는 사람'을 가리킨다. 한역으로는 '용', '용맹', '강건', '장군' 등이 되며, 음사로는 '수라(首羅)', '수라(手羅)'가 된다. senā는 여성 명사로서 '전투 대형을 취하는 것', '군대'의 뜻이며, '부(部)', '군(軍)'으로 한역된다. sena는 문맥으로 보아 여성 명사 senā의 대격형으로 쓰인 듯한데, 대격형이라면 senām이 되는 것이 일반적이다. 참고로 -ā로 끝나는 여성 명사의 격 변화를 『산스끄리뜨의 기초와 실천』(이지수 역, 1993)에서 보면 다음과 같다.

(7) kanyā. f. '소녀'

	Sg.	Du.	Pl.
N.	kanyā	kanye	kanyāḥ
Ac.	*kanyām*	〃	〃
Ins.	kanyayā	kanyābhyām	kanyābhiḥ
D.	kanyāyai	〃	kanyābhyaḥ
Ab.	kanyāyāḥ	〃	〃
G.	〃	kanyāyoḥ	kanyānām
L.	kanyāyām	〃	kanyāṣu
V.	kanye	kanye	kanyāḥ

38. 鉢囉伽囉拏囉闍耶

바라하라나라사야

praharaṇa-rājāya

격파한 왕인

prahāra는 남성 명사로서 '타격', '구타', '발사(發射)'의 의미가 있다. 한역으로는 '타(打)', '타박(打撲)'이 된다. rāj는 남성 명사로서 '지배자', '왕'의 의미를 지닌다. rājāya는 명칭 동사, 자동사로서 '왕처럼 떨치다', '왕의 역(役)을 하다'의 뜻이 있다.

39. 怛他揭多耶

다타가다야

tathāgatāya

여래께 귀명하나이다.

tathāgata는 형용사로서 '이렇게 춤추는', '이러한 상태에 있는', '이러한 성질 또는 본성의', '이와 같은'의 뜻이 있다. 남성 명사로서는 '불교도'의 의미이다. 한역으로는 '여래', '불(佛)', '세존'이 되고 음사로는 '다타아가도(多陀阿伽度)', '다타아가타(多陀阿伽馱)', '다타아가도(多他阿伽度)'이다. tathāgatāya는 단수 명사 tathāgata의 여격형이다. 위 31에서 참조할 수 있다.

40. 娜牟婆伽筏帝

나무바가바데

Namo bhagavate[25)]

세존이신

namas(namaḥ)가 동사 형태로 쓰이려면 'namasya+명사의 대격형'이 되는 것이 원칙이다. bhagavat는 '행운을 가진', '은혜받은', '신성 있는', '저명한', '신성한'의 뜻이 있고, 여성 명사로는 bhagavati, 남성 복수형으로는 bhagavatas이다. 남성 단수로서는 Viṣṇu 신, Kṛṣṇ 신, Śiva 신을 칭한다. 한역으로는 '세존', '유덕(有德)', '출유(出有)', '출유괴(出有壞)' 등이 된다. 음사로는 '박가범(薄伽梵)', '바가바(婆伽婆)'이다. bhagavate는 남성 명사 bhagavat의 단수 여격형이다. 위 2에서 언급한 bodhat, √budh '깨닫다'의 현재분사형과 동일한 형태를 가진다. 18과 같음.

---

25) 중국본에는 bhagavatāṃ으로 되어 있다.

41. 阿彌陀婆耶

아미타바야

amitābhāya

무량광(無量光)

amitābha는 남성 명사로서 '무량광(無量光)'으로 한역된다. 음사로는 '아미타(阿彌陀)'가 된다. amitābhāya는 amitābha의 단수 여격형이다.

42. 怛他揭多耶

다타가다야

tathāgatāya

여래와

tathāgata는 형용사로서 '이렇게 춤추는', '이러한 상태에 있는', '이러한 성질 또는 본성의', '이와 같은'의 뜻이 있다. 남성 명사로서는 '불교도'의 의미이다. 한역으로는 '여래', '불(佛)', '세존'이 되고 음사로는 '다타아가도(多陀阿伽度)', '다타아가타(多陀阿伽馱)', '다타아가도(多他阿伽度)'이다. tathāgatāya는 단수 명사 tathāgata의 여격형이다. 31 참조. 39와 같음.

43. 阿囉訶帝三藐三菩陀耶

아라하뎨삼먁삼본다야

arhate samayksaṃbuddhāya

응공(應供)이신 등정각자(等正覺者)에게 귀명하나이다.

arhat는 현재 분사로서 '상당하다', '가치 있다' 등의 뜻이 있으며, 남성 명사로서는 '가치 있는 사람'을 가리킨다. 한역으로는 '응(應)', '응공(應供)'이 되며 음사로는 '나한(羅漢)', '아라한(阿羅漢)', '아라하(阿羅訶)'이다. samayksaṃbuddha는 과거수동분사로서 한역으로는 '등정각(等正覺)'이다. 음사로는 '삼야삼불(三耶三佛)', '삼막삼불타(三藐三佛陀)'이다. 동사의 분사는 명사와 같이 격 변화하므로 samayksaṃbuddhāya는 samayksaṃbuddha의 여격형임을 알 수 있다. arhat 역시 명사처럼 쓰여 여격으로 활용되어 arhate가 되었다. 이는 남성 명사처럼 변화한다. 2와 같음.

44. 娜牟婆伽筏帝

나무바가바뎨

Namo bhagavate

세존이신

namas(namaḥ)가 동사 형태로 쓰이려면 'namasya+명사의 대격형'이 되는 것이 원칙이다. bhagavat는 '행운을 가진', '은혜받은', '신성(神性) 있는', '저명한', '신성한'의 뜻이 있고, 여성 명사로는 bhagavati, 남성 복수형으로는 bhagavatas이다. 남성 단수로서는 Viṣṇu 신, Kṛṣṇ 신, Śiva 신을 칭한다. 한역으로는 '세존', '유덕(有德)', '출유(出有)', '출유괴(出有壞)' 등이 된다. 음사로는 '박가범(薄伽梵)', '바가바(婆伽婆)'이다. bhagavate는 남성 명사 bhagavat

의 단수 여격형이다. 위 2에서 언급한 bodhat, √budh '깨닫다'의 현재 분사형과 동일한 형태를 가진다. 18과 같음.

45. 阿蒭鞞也
아추베야
akshobhya
아촉(阿閦 : 아축)

a-kshobhya가 아닌 a-kṣobhya가 사전에 있는데 이는 미래수동분사로서 '진동(振動)시키지 않게 되다', 한역으로는 '불가이동(不可移動)'이다. 남성 명사로서는 '부동(不動)', '무동(無動)', '무노(无怒)', '무노각(无怒覺)'으로 한역되고, 음사로서는 '아촉(阿閦)', '아촉파(阿閦婆)', '아촉비(阿閦鞞)'가 된다.

46. 怛他揭多耶
다타가다야
tathāgatāya
여래와

tathāgata는 형용사로서 '이렇게 춤추는', '이러한 상태에 있는', '이러한 성질 또는 본성의', '이와 같은'의 뜻이 있다. 남성 명사로서는 '불교도'의 의미이다. 한역으로는 '여래', '불(佛)', '세존'이 되고 음사로는 '다타아가도(多陀阿伽度)', '다타아가타(多陀阿伽馱)', '다타아가도(多他阿伽度)'이다. tathāgatāya는 단수 명사 tathāgata

의 여격형이다. 31 참조. 39와 같음.

47. 阿囉訶帝三藐三菩陀耶
    아라하데삼먁삼본다야
    arhate samyaksaṃbuddhāya
    응공(應供)이신 등정각자(等正覺者)에게 귀명하나이다.

arhat는 현재 분사로서 '상당하다', '가치 있다' 등의 뜻이 있으며, 남성 명사로서는 '가치 있는 사람'을 가리킨다. 한역으로는 '응(應)', '응공(應供)'이 되며 음사로는 '나한(羅漢)', '아라한(阿羅漢)', '아라하(阿羅訶)'이다. samayksaṃbuddha는 과거수동분사로서 한역으로는 '등정각(等正覺)'이다. 음사로는 '삼야삼불(三耶三佛)', '삼먁삼불타(三藐三佛陀)'이다. 동사의 분사는 명사와 같이 격 변화하므로 samayksaṃbuddhāya는 samayksaṃbuddha의 여격형임을 알 수 있다. arhat 역시 명사처럼 쓰여 여격으로 활용되어 arhate가 되었다. 이는 남성 명사처럼 변화한다. 2와 같음.

48. 娜牟婆伽筏帝
    나무바가바뎨
    Namo bhagavate
    세존이신

namas(namaḥ)가 동사 형태로 쓰이려면 'namasya+명사의 대격형'이 되는 것이 원칙이다. bhagavat는 '행운을 가진', '은혜받은', '신성(神性) 있는', '저명한', '신성한'의 뜻이 있고, 여성 명사로는 bhagavati, 남성 복수형으로는 bhagavatas이다. 남성 단수로서는 Viṣṇu 신, Kṛṣṇ 신, Śiva 신을 칭한다. 한역으로는 '세존', '유덕(有德)', '출유(出有)', '출유괴(出有壞)' 등이 된다. 음사로는 '박가범(薄伽梵)', '바가바(婆伽婆)'이다. bhagavate는 남성 명사 bhagavat의 단수 여격형이다. 위 2에서 언급한 bodhat, √budh '깨닫다'의 현재 분사형과 동일한 형태를 가진다. 18과 같음.

49. 毘沙闍俱嚧吠琉璃唎耶
비사사구로베유리리야
bhaishajya-guru-vaidŭrya
약사유리(藥師琉璃)

bhaishajya는 '치료의 효과', '약물(藥物)', '(속격) ~에 대한 약물'의 의미를 가진다. 한역으로는 '약', '묘약', '의약', '의왕(醫王)'이다. guru는 형용사로는 '큰', '광대한', '엄혹한', '중요한', '중대한'의 뜻이 있고 한역으로는 '존(尊)', '중(重)', '존중(尊重)', '경(敬)', '경중(敬重)'이다. 남성 명사로서는 '존경받는 사람', '부', '모', '연장의 친족', 양수(兩數)로서는 '양친', 속격 복수로서는 '~의 장(長)', 한역으로는 '존(尊)', '존장(尊長)', '사(師)', '장(長)', '법사(法師)'이다. vaidūrya는 남성 명사 또는 중성 명사로서 '묘안석(猫眼石)'(보석의 일종)이고, '대비유리(大毘琉璃)', '대유리보(大琉璃寶)', '유리주(琉璃珠)', '유리보(琉璃寶)'로 한역된다.

50. 鉢囉婆囉闍耶

바라바라사야

prabhā-rājāya

광왕(光王)

prabhā는 여성 명사로서 '장려(壯麗)', '광휘(光輝)', '광'이고, '광', '명(明)', '광명'으로 한역된다. bhaishajya-guru-vaidūrya-prabha가 사전 표제어에 나오는데 이는 남성 명사로서 경 이름인 '약사유리광(藥師琉璃光)', '약사유리광여래본령공덕경(藥師琉璃光如來本領功德經)'의 뜻을 가진다. rāj는 남성 명사로서 '지배자', '왕'의 의미를 지닌다. rājāya는 명칭(名稱) 동사, 자동사로서 '왕처럼 떨치다', '왕의 역을 하다'의 뜻이 있다.

51. 怛他揭多耶

다타가다야

tathāgatāya

여래와

tathāgata는 형용사로서 '이렇게 춤추는', '이러한 상태에 있는', '이러한 성질 또는 본성의', '이와 같은'의 뜻이 있다. 남성 명사로서는 '불교도'의 의미이다. 한역으로는 '여래', '불(佛)', '세존'이 되고 음사로는 '다타아가도(多陀阿伽度)', '다타아가타(多陀阿伽馱)', '다타아가도(多他阿伽度)'이다. tathāgatāya는 단수 명사 tathāgata의 여격형이다. 31 참조. 39와 같음.

52. 阿囉訶帝三藐三菩陀耶

아라하데삼먁삼뵫다야

arhate samayksaṃbuddhāya

응공(應供)이신 등정각자(等正覺者)에게 귀명하나이다.

arhat는 현재 분사로서 '상당하다', '가치 있다' 등의 뜻이 있으며, 남성 명사로서는 '가치 있는 사람'을 가리킨다. 한역으로는 '응(應)', '응공(應供)'이 되며 음사로는 '나한(羅漢)', '아라한(阿羅漢)', '아라하(阿羅訶)'이다. samayksaṃbuddha는 과거수동분사로서 한역으로는 '등정각(等正覺)'이다. 음사로는 '삼야삼불(三耶三佛)', '삼먁삼불타(三藐三佛陀)'이다. 동사의 분사는 명사와 같이 격 변화하므로 samayksaṃbuddhāya는 samayksaṃbuddha의 여격형임을 알 수 있다. arhat 역시 명사처럼 쓰여 여격으로 활용되어 arhate가 되었다. 이는 남성 명사처럼 변화한다. 2와 같음.

53. 娜牟婆伽筏帝

나무바가바데

Namo bhagavate

세존이신

namas(namaḥ)가 동사 형태로 쓰이려면 'namasya+명사의 대격형'이 되는 것이 원칙이다. bhagavat는 '행운을 가진', '은혜받은', '신성(神性) 있는', '저명한', '신성한'의 뜻이 있고, 여성 명사로는 bhagavati, 남성 복수형으로는 bhagavatas이다. 남성 단수로서는 Viṣṇu 신, Kṛṣṇ 신, Śiva 신을 칭한다. 한역으로는 '세존', '유덕(有德)', '출유(出有)', '출유괴(出有壞)' 등이 된다. 음사로는 '박가범(薄伽梵)', '바가바(婆伽婆)'이다. bhagavate는 남성 명사 bhagavat의 단수 여격형이다. 위 2에서 언급한 bodhat, √budh '깨닫다'의 현재 분사형과 동일한 형태를 가진다. 18과 같음.

54. 三布瑟畢多娑囉囉闍夜

삼포스비다사라라사야

saṃpushpita-sāla-rājāya[26)]

개부화왕(開敷華王), 사라수왕(沙羅樹王)

saṃpushpita는 형용사로서 '개부(開敷)'로 한역된다. sāla는 남성 명사로서 '수목(樹木)'인데 '견고(堅固)'로 한역되고, 음사로는 '사라(沙羅)'이다. rāj는 남성 명사로서 '지배자', '왕'의 의미이다. rājāya는 명칭(名稱) 동사, 자동사로서 '왕처럼 떨치다', '왕의 역(役)을 하다'의 뜻이 있다.

55. 怛他揭多耶

다타가다야

tathāgataya

여래와

tathāgata는 형용사로서 '이렇게 춤추는', '이러한 상태에 있는',

---

26) 중국본에는 -sālendra-rāja로 되어 있다.

'이러한 성질 또는 본성의', '이와 같은'의 뜻이 있다. 남성 명사로서는 '불교도'의 의미이다. 한역으로는 '여래', '불(佛)', '세존'이 되고 음사로는 '다타아가도(多陀阿伽度)', '다타아가타(多陀阿伽馱)', '다타아가도(多他阿伽度)'이다. tathāgatāya는 단수 명사 tathāgata의 여격형이다. 31 참조. 39와 같음.

56. 阿囉訶帝三藐三菩陀耶
아라하데삼먁삼본다야
arhate samayksaṃbuddhāya
응공이신 등정각자에게 귀명하나이다.

arhat는 현재 분사로서 '상당하다', '가치 있다' 등의 뜻이 있으며, 남성 명사로서는 '가치 있는 사람'을 가리킨다. 한역으로는 '응(應)', '응공(應供)'이 되며 음사로는 '나한(羅漢)', '아라한(阿羅漢)', '아라하(阿羅訶)'이다. samayksaṃbuddha는 과거수동분사로서 한역으로는 '등정각(等正覺)'이다. 음사로는 '삼야삼불(三耶三佛)', '삼먁삼불타(三藐三佛陀)'이다. 동사의 분사는 명사와 같이 격 변화하므로 samayksaṃbuddhāya는 samayksaṃbuddha의 여격형임을 알 수 있다. arhat 역시 명사처럼 쓰여 여격으로 활용되어 arhate가 되었다. 이는 남성 명사처럼 변화한다. 2와 같음.

57. 娜牟婆伽筏帝
나무바가바데
Namo bhagavate

세존이신

namas(namaḥ)가 동사 형태로 쓰이려면 'namasya+명사의 대격형'이 되는 것이 원칙이다. bhagavat는 '행운을 가진', '은혜받은', '신성(神性) 있는', '저명한', '신성한'의 뜻이 있고, 여성 명사로는 bhagavati, 남성 복수형으로는 bhagavatas이다. 남성 단수로서는 Viṣṇu 신, Kṛṣṇ 신, Ṡiva 신을 칭한다. 한역으로는 '세존', '유덕(有德)', '출유(出有)', '출유괴(出有壞)' 등이 된다. 음사로는 '박가범(薄伽梵)', '바가바(婆伽婆)'이다. bhagavate는 남성 명사 bhagavat의 단수 여격형이다. 위 2에서 언급한 bodhat, √budh '깨닫다'의 현재 분사형과 동일한 형태를 가진다. 18과 같음.

58. 舍枳也母娜曳
    샤갸야모나예
    śākyamunaye
    샤카무니

śākyamuni는 남성 명사로서 '석가족(釋迦族)의 고행자(苦行者)', '불타(佛陀)의 이름'이고, '석가(釋迦)', '석가문(釋迦文)', '석가모니(釋迦牟尼)', '석가여래(釋迦如來)'로 음사된다. śākyamunaye는 śākyamuni의 단수 여격형이다. 참고로 -i로 끝나는 남성 명사의 어미 변화를 표로 보이면 아래와 같다.

(8) kavi. m. '시인'

	Sg.	Du.	Pl.
N.	kaviḥ	kavī	kavayaḥ
Ac.	kavim	〃	kavīn
Ins.	kavinā	kavibhyām	kavibhiḥ
D.	*kavaye*	〃	kavibhyaḥ
Ab.	kaveḥ	〃	〃
G.	〃	kavyoḥ	kavīnām
L.	kavau	〃	kaviṣu
V.	kave	kavī	kavayaḥ

59. 怛他揭多耶

다타가다야

tathāgatāya

여래와

tathāgata는 형용사로서 '이렇게 춤추는', '이러한 상태에 있는', '이러한 성질 또는 본성의', '이와 같은'의 뜻이 있다. 남성 명사로서는 '불교도'의 의미이다. 한역으로는 '여래', '불(佛)', '세존'이 되고 음사로는 '디디이가도(多陀阿伽度)', '다타아가타(多陀阿伽馱)', '다타아가도(多他阿伽度)'이다. tathāgatāya는 단수 명사 tathāgata의 여격형이다. 31 참조. 39와 같음.

60. 阿囉訶帝三藐三菩陀耶

아라하데삼먁삼볻다야

arhate samayksaṃbuddhāya

응공이신 등정각자에게 귀명하나이다.

arhat는 현재 분사로서 '상당하다', '가치 있다' 등의 뜻이 있으며, 남성 명사로서는 '가치 있는 사람'을 가리킨다. 한역으로는 '응(應)', '응공(應供)'이 되며 음사로는 '나한(羅漢)', '아라한(阿羅漢)', '아라하(阿羅訶)'이다. samayksaṃbuddha는 과거수동분사로서 한역으로는 '등정각(等正覺)'이다. 음사로는 '삼야삼불(三耶三佛)', '삼먁삼불타(三藐三佛陀)'이다. 동사의 분사는 명사와 같이 격 변화하므로 samayksaṃbuddhāya는 samayksaṃbuddha의 여격형임을 알 수 있다. arhat 역시 명사처럼 쓰여 여격으로 활용되어 arhate가 되었다. 이는 남성 명사처럼 변화한다. 2와 같음.

61. 娜牟婆伽筏帝

나모바가바데

Namo bhagavate

세존이신

namas(namaḥ)가 동사 형태로 쓰이려면 'namasya+명사의 대격형'이 되는 것이 원칙이다. bhagavat는 '행운을 가진', '은혜받은', '신성(神性) 있는', '저명한', '신성한'의 뜻이 있고, 여성 명사로는 bhagavati, 남성 복수형으로는 bhagavatas이다. 남성 단수로서는 Viṣṇu 신, Kṛṣṇ 신, Śiva 신을 칭한다. 한역으로는 '세존', '유덕(有德)', '출유(出有)', '출유괴(出有壞)' 등이 된다. 음사로는 '박가범(薄伽梵)', '바가바(婆伽婆)'이다. bhagavate는 남성 명사 bhagavat의 단수 여격형이다. 위 2에서 언급한 bodhat, √budh '깨닫다'의 현재 분사형과 동일한 형태를 가진다. 18과 같음.

62. 羅怛那俱蘇摩
    라다나구소마
    ratna-kusuma[27)]
    보화(寶花)

ratna는 중성 명사로서 '선물', '재산', '부', '재보', '보석', '진주'의 뜻이 있다. 한역으로는 '보(寶)', '진보(珍寶)', '보구(寶具)', '여의보(如意寶)'가 되고 '늑라(勒羅)'로 음사된다. kusuma는 중성 명사로서 '꽃'을 가리키는데 한역으로도 '꽃'이다. '구소마(拘蘇摩)'로 음사된다. ratna-kusuma-saṃpuṣpita-gātra가 사전 표제어에 나오는데 이는 부처의 이름으로서 '보화엄신(寶華嚴身)'을 가리킨다.

63. 鷄都囉闍耶
    게도라사야
    ketu-rājāya[28)]
    당왕(幢王)

27) 중국본에는 ratna만 보인다.
28) 중국본에는 rāja로 되어 있다.

ketu는 남성 명사로서 '광', '광명', '광휘', '등화(燈火)', '표(標)', '기', '지도자', '주장', '지식', '판단', '혜성(彗星)' 등의 의미가 있고, 복수 명사로는 '광선(光線)', 한역으로는 '상(相)', '기(旗)', '당(幢)', '정(頂)', '혜성(彗星)'이 된다. rāj는 남성 명사로서 '지배자', '왕'의 의미이다. rājāya는 명칭(名稱) 동사이며, 자동사로서 '왕처럼 떨치다', '왕의 역(役)을 하다'의 뜻이 있다.

64. 怛他揭多耶

다타가다야

tathāgatāya

여래와

tathāgata는 형용사로서 '이렇게 춤추는', '이러한 상태에 있는', '이러한 성질 또는 본성의', '이와 같은'의 뜻이 있다. 남성 명사로서는 '불교도'의 의미이다. 한역으로는 '여래', '불(佛)', '세존'이 되고 음사로는 '다타아가도(多陀阿伽度)', '다타아가타(多陀阿伽馱)', '다타아가도(多他阿伽度)'이다. tathāgatāya는 단수 명사 tathāgata의 여격형이다. 31 참조. 39와 같음.

65. 阿囉訶帝三藐三菩陀耶帝瓢

아라하뎨삼먁삼본다야뎨뵤

arhate samayksaṃbuddhebhyaḥ[29)]

응공이신 등정각자들에게 귀명하나이다.

---

29) 중국본에는 samayksaṃbuddhāya로 되어 있다.

arhat는 현재 분사로서 '상당하다', '가치 있다' 등의 뜻이 있으며, 남성 명사로서는 '가치 있는 사람'을 가리킨다. 한역으로는 '응(應)', '응공(應供)'이 되며 음사로는 '나한(羅漢)', '아라한(阿羅漢)', '아라하(阿羅訶)'이다. samayksaṃbuddha는 과거수동분사로서 한역으로는 '등정각(等正覺)'이다. 음사로는 '삼야삼불(三耶三佛)', '삼먁삼불타(三藐三佛陀)'이다. 동사의 분사는 명사와 같이 격 변화하므로 samayksaṃbuddhebhyaḥ는 samayksaṃbu -ddha의 복수 여격임을 알 수 있다. 2를 참조하면 이해하기 쉬워진다. 2는 단수 여격형이었는데 여기에서는 복수 여격형이 된 것이다.

66. 娜牟塞訖哩多皤翳摩含婆伽筏多
나무새가리다바이마함바가바다
Namaskrita imāṃ bhagavāṃs[30)]
이 거룩한

namaskṛta는 과거수동분사로서 '귀명받은', '존경받은'의 의미이고, 한역으로는 '예배(禮拜)', '소예경(所禮敬)', '소공경(所恭敬)'이 된다. namasaskriyā는 여성 명사로서 '귀명', '존경', '경례', 한역으로는 '예(禮)'이다. 'namasKṛ+명사의 대격, 여격, 처격'이 '~에 경례하다'의 뜻이다. imāṃ은 사전에 보이지 않는다. bhagavāṃs도 사전에는 나오지 않고 bhagavat가 보이는데 이는 '행운을 가진',

30) 중국본에서는 이 부분이 다음과 같이 되어 있다.
테브효 나마스크리타야
Tebhyo namaskritāya 그들에게 頂禮하고,
에타드 바가방스
etad bhagavāṃs 이 거룩한

'존엄한', '신성한'의 뜻이고 호격으로는 bhagavan, bhagavas, 여성으로는 bhagavati, 남성 복수로는 bhagavantas로서 '존자(尊者)'의 의미이다. 한역으로는 '세존', '유덕(有德)'이며, 음사로는 '박가범(薄伽梵)', '바가바(婆伽婆)'이다.

67. 薩怛他揭闍烏瑟尼杉
살다타가도오스니삼
tathāgatoshṇishāṃ
여래불정(如來佛頂)

tathāgata는 형용사로서 '이렇게 춤추는', '이러한 상태에 있는', '이러한 성질 또는 본성의', '이와 같은'의 뜻이 있다. 남성 명사로서는 '불교도'의 의미를 가진다. 한역으로는 '여래', '불(佛)', '세존'이 되고 음사로는 '다타아가도(多陀阿伽度)', '다타아가타(多陀阿伽馱)', '다타아가도(多他阿伽度)'이다. 이에 대하여는 64에서 참조가 된다. 참고로 말하면 단수 명사 tathāgata의 여격형은 tathāgatāya이다. uṣṇi는 형용사로서 '타는'(燃)의 의미가 있으며 남성 명사로는 '불정(佛頂)', '정고(頂高)'로 한역된다. uṣṇīṣa는 남성 명사로서 '머리에 쓰는 포(布)', '정(頂)', '불정(佛頂)', '두관(頭冠)', '정고(頂高)', '최승정상(最勝頂相)'의 뜻이 있으며, '울슬니사(鬱瑟尼沙)', '울니사(鬱尼沙)'로 한역된다.

68. 悉怛多鉢怛囕
시다다바다람

sit'ātapatra

백산개주(白傘蓋呪)께 정례하여 귀명하나이다.

sita는 형용사로서 '흰', '밝은'의 뜻이다. 한역으로는 '소(素)'이다. 남성 명사로서는 '밝은 반달'이며 '백(白)'으로 한역된다. sitātapatra는 중성 명사로서 '흰 양산'(왕위의 상징)을 지칭한다.

69. 娜牟阿波囉支單

나무아바라지단

Namo'parajitāṃ

패함이 없어

namas(namaḥ)가 동사 형태로 쓰이려면 'namasya+명사의 대격형'이 되는 것이 원칙이다. aparā-jita는 형용사로서 '무능괴(無能壞)', '막능괴(莫能壞)', '불가파괴(不可破壞)', '불가동(不可動)'으로 한역된다. -ām은 -a의 여성 대격형이다.

70. 鉢囉登擬囉

바라등이라

pratyaṅgirā[31]

31) 저자는 1999년 6월 전남 장성 白羊寺에서 淸光寺 淨園 스님의 번역으로 되어 있는 필사본 능엄주를 입수한 바 있다. 이는 범자 본문, 로마자, 한역, 한글 독음, 뜻풀이 등으로 되어 있는데 강의 노트 형식으로 옆에 낙서가 있는 곳도 있다. 필자는 이를 편의상 '淸光寺本'이라고 부르겠다. 淸光寺本에는 pratyaṅgirāṃ이 '具力', '佛의 異名'으로 되어 있다.

조복(調伏)시키는 분에게 귀명하나이다.

pratyańgiras는 남성 명사로서 '(어떤) 신화적 인물의 명칭'이다.

71. 薩嚩部多揭囉訶迦囉尼
살바부다게라하가라니
Sarva bhūta · nigraha[32] · karani
일체의 귀신들을 완전히 절복시키며,

sarva는 형용사로서 '모든', '전체의', '일체의', '각각의' 등의 뜻을 지니고, 한역으로는 '일체', '개(皆)'의 의미이며, 음사로는 '살리전(薩哩嚩)'이 된다. 남성 단수 명사로는 '각인(各人)', 복수로서는 '전원(全員)'의 뜻을 가진다. 또, 중성 단수 명사로서는 '만사(萬事)'의 뜻이 있다. sarva에 대하여는 3을 참조할 수 있다. bhūta는 과거수동분사로서 '~가 된', '과거의'의 의미이며, 중성 명사로서는 '괴물', '유령', '마물(魔物)'이고 '부다(部多)'로 음사된다. nigraha는 남성 명사로서 '금지', '억제', '구속', '강압'의 뜻이 있으며 '항복(降伏)', '조복(調伏)', '굴(屈)' 등의 의미가 있다. karani(사전에는 karaṇi)는 karaṇa의 여성형이다. karaṇa는 형용사로서 '하는', '만드는', '짓는'의 뜻을 지니며 한역으로는 '작(作)', '성(成)'이다. 남성 명사로서는 '조력자'이며, 중성 명사로서는 '작위', '행위', '성취', '산출', '실행', '의식'의 의미가 있다.

---

32) 중국본에는 Sarva bhūtagraha로 되어 있다. bhūtagraha는 남성 명사로서 '鬼所魅', '鬼邪魅', '鬼病'으로 漢譯된다.

72. 波囉微地也掣陀你

바라비디야체타니

para · vidyā · chedani

다른 신들의 주문을 절단시키고

para는 형용사로서 '다른', '외래의', '미지의'의 뜻이 있으며 남성 명사로서는 '타인', '원수', '반대자'의 의미가 있고, '타(他)', '타인', '여물(余物)'로 한역된다. vidyā는 여성 명사로서 '지식', '학문', '학술', '주술(呪術)', '주문(呪文)', '주법(呪法)'의 뜻이며, 한역으로는 '혜(慧)', '해(解)', '식(識)', '명(明)', '술(術)', '명술(明術)', '오명처(五明處)'이다. chedani에 대하여는 두 가지로 살펴볼 수 있다. chedana는 형용사로서 '끊다', '찢다', '파괴하다'의 뜻이며 chedanī는 그의 여성형이다. 중성 명사로서는 '절단'의 의미이고, 한역으로는 '단(斷)', '제단(除斷)', '제(除)'이다. chedin은 형용사로서 '단절하는', '끊는', '파괴하는'의 의미가 있다.

73. 阿哥囉微哩駐

아가라미리쥬

akāla mrityu

때 아닌 죽음의 액(厄; 횡사 등)을

akāla는 남성 명사로서 '법외(法外)의 때', '시외(時外)', '밤'의 의미이며, 한역으로는 '비시(非時)', '비의시(非依時)', '비위시(非爲時)'가 된다. akālatas는 처격에서 '법외의 시에', '시외에'의 뜻이 된다.

mrityu는 mṛtyu의 잘못이다. 이는 남성 단수 명사로서 '사(死)', '사신(死神)으로 의인화한 죽음'의 의미이며 '사(死)', '명종(命終)'으로 한역된다.

74. 波唎怛囉耶那揭唎
파리다라야나게리
paritrāyaṇa · karī
능히 제거할 수 있으며

paritrāyaṇa는 중성 명사로서 한역만이 나타나 있는데 뜻은 '구(救)', '구섭(救攝)', '호(護)'이다. karī는 형용사 kara의 여성형으로서 '행동하는', '야기하는'의 뜻이며 '발(發)', '작(作)', '능작(能作)', '소작(所作)'으로 한역된다. 남성 명사로서는 '하는 것', '만드는 것', '손', '(코끼리의) 코' 등의 뜻이 있다.

75. 薩嚩畔陀那慴乞叉那迦唎
살바반다나목-차나가리
sarva · bandhaṅa · mokshana · karī[33)]
모든 중생의 결박을 벗어나게 하고,

sarva는 형용사로서 '모든', '전체의', '일체의', '각각의' 등의 뜻을 갖고, 한역으로는 '일체', '개(皆)'의 의미이며, 음사로는 '살리전(薩哩嚩)'이 된다. 남성 단수 명사로는 '각인(各人)', 복수로서는 '전

33) 중국본에는 karī가 없다.

원(全員)'의 뜻을 가진다. 또, 중성 단수 명사로서는 '만사(萬事)'의 뜻이 있다. karī는 형용사 kara의 여성형으로서 '행동하는', '야기하는'의 뜻이며 '발(發)', '작(作)', '능작(能作)', '소작(所作)'으로 한역된다. 남성 명사로서는 '하는 것', '만드는 것', '손', '(코끼리의) 코' 등의 뜻이 있다. sarva와 karī는 각각 3과 74 참조. bandhana는 형용사로서(여성형은 bandhanī) '속박하는'의 의미가 있으며 중성 명사로서는 '속박하는 것', '매는 것', '감금', '투옥'의 뜻이 있고 '박(縛)', '계(繫)'로 한역된다. mokshana는 mokṣaṇa의 잘못이다. 이는 형용사로서 '해방하다', '방면하다'의 뜻이 있으며 중성 명사로서는 '해방', '방면(放免)', '방기(放棄)', '(죄인의) 석방' 등의 의미가 있다.

76. 薩嚩突瑟吒
살바도시다
sarva dushṭe[34)]
모든 악한(惡漢)

sarva는 형용사로서 '모든', '전체의', '일체의', '각각의' 등의 뜻을 갖고, 한역으로는 '일체', '개(皆)'의 의미이며, 음사로는 '살리전(薩哩囀)'이 된다. 남성 단수 명사로는 '각인(各人)', 복수로서는 '전원(全員)'의 뜻이다. 또, 중성 단수 명사로서는 '만사(萬事)'의 뜻을 가진다. sarva는 3을 참조할 수 있다. duṣṭa는 과거수동분사로서 '악', '악성', '폐악'으로 한역되며, 남성 명사로서는 '악한', '무뢰한',

34) 중국본에는 dushṭa로 되어 있다.

중성 명사로서는 '죄', '죄과', 한역으로는 '과(過)', '악사(惡事)'이다. duṣṭa가 duṣṭe가 된 것은 단수 처격형으로 변화한 것이다.

77. 突莎般那你縛囉尼
    도사바나니바라니
    duḥsvapna · nivāraṇi
    악몽을 없애며

duḥsvapna는 남성 명사로서 '악몽'의 뜻이며 한역 역시 마찬가지이다. nivāraṇi는 nivāraṇa의 여성형으로 보인다. nivāraṇa는 형용사로서는 '저지하는', '방지하는', 중성 명사로서는 '방지', '저지', '정지', 대격과 함께 '예방', '금지'의 뜻을 지니며 한역으로는 '차(遮)', '개(蓋)'이다.

78. 者都囉室底喃
    챠도라시디남
    catur · aśītīnāṃ
    팔만 사천의

catur는 남성, 중성, 복수 명사로서 '사(四)'이다. aśītīnāṃ은 여성 명사로서 '80'의 의미가 있는 aśiti의 복수 속격형이다. -ti로 끝나는 여성 명사의 활용에 대하여는 5를 참조할 수 있다.

79. 揭囉訶娑訶娑囉喃

가라하사하사라남

graha · sahasrānāṃ

사마(邪魔)들을

graha는 남성 명사로서 '병마', '소마', '강도', '절도' 등의 의미가 있으며 한역으로는 '악성(惡星)', '귀매(鬼魅)'이다. sahasra는 남성 명사 또는 중성 명사로서 '천(千)'의 의미가 있다. sahasrānāṃ은 sahasra의 복수 속격형이다.[35]

80. 微陀防娑那羯哩

비다방사나가리

vidhvaṃsana · karī

파멸시키고,

vi-dhvaṃsana는 형용사로서 '멸하는', '파괴하는', 중성 명사로서 '파괴', '(부녀들에 대한) 능욕' 등의 의미이다. karī는 형용사 kara의 여성형으로서 '행동하는', '야기하는'의 뜻이며 '발(發)', '작(作)', '능작(能作)', '소작(所作)'으로 한역된다. 남성 명사로서는 '하는 것', '만드는 것', '손', '(코끼리의) 코' 등의 뜻이다. karī에 대하여는 74 참조.

---

35) 79, 82, 84에서 의미상 대격이 있어야 할 곳에 속격이 쓰인 것에 대하여는 Louis Renoudml의 *La Grammaire de Pāṇini* 2.3.54에서 얼마간 설명이 된다.

81. 阿瑟吒氷設底喃

아스타빙설디남

mahṭā vimsśatinām

스물 여덟 가지

ashṭā는 형용사로서 '팔(八)'이고 vimśati는 viṃśati의 잘못이다. 이는 여성 명사로서 '두 개의 십(十)'의 뜻이다. ashṭāvimśati (ashṭā는 사전에는 aṣṭa)는 여성 명사로서 '28'이다. ashṭāvimśati-nāṃ는 ashṭāvimśati의 복수 속격형이다.

82. 諾刹怛囉喃

낙찰다라남

nakshatrānāṃ

성수(星宿)들을

nakṣtra는 중성 명사로서 '천체(天體)', '성(星)', '성좌(星座)', '성수(星宿)'의 의미이며, '성(星)', '성수(星宿)', '성진(星辰)'으로 한역된다. nakshatrānāṃ은 nakṣtra의 복수 속격형이다. 속격을 대격과 같이 쓰는 것에 대하여는 파니니 문법 2.3.54에 따른다.

83. 鉢囉娑陀那羯哩阿瑟吒喃

바리사다나가리이스타남

prasādhana · karī · ashṭānāṃ

기쁘게 하며, 여덟 가지

prasādhana는 형용사로서 '완성하는'의 의미가 있고, 한역으로는 '성취'이다. 중성 명사로서는 '완성', '배열', '장식', '화장(化粧)', '장식의 방법' 등의 뜻이 있으며 '성취', '성립'으로 한역된다. karī는 74에서 보는 바와 같이 형용사 kara의 여성형으로서 '행동하는', '야기하는'의 뜻이며 '발(發)', '작(作)', '능작(能作)', '소작(所作)'으로 한역된다. 남성 명사로서는 '하는 것', '만드는 것', '손', '(코끼리의) 코' 등의 뜻이다. 81에서 보는 것처럼 ashṭā(사전에는 aṣṭa)는 형용사로서 '팔(八)'이다. ashṭānāṃ은 ashṭā의 복수 속격형이다.

84. 摩訶揭囉訶喃

마하게라하남

mahā · grahanāṃ

대악성(大惡星)을

mahā는 형용사로서 '큰'의 의미이며 대격으로는 mahām이다. '대', '광대', '거'로 한역된다. 79에서 보는 것처럼 graha는 남성 명사로서 '병마', '소마', '강도', '절도' 등의 의미가 있으며 한역으로는 '악성(惡星)', '귀매(鬼魅)'이다. grahānāṃ은 graha의 복수 속격형이다. 속격을 대격과 같이 쓰는 것에 대하여는 파니니 문법 2.3.54에 따른다.

85. 微陀防薩那羯哩

비다밤사나가리

vidhvaṃsana · karī

파멸시키고,

vi-dhvaṃsana는 형용사로서 '멸(滅)하는', '파괴하는', 중성 명사로서 '파괴', '(부녀들에 대한) 능욕' 등의 의미이다. karī는 형용사 kara의 여성형으로서 '행동하는', '야기하는'의 뜻이며 '발(發)', '작(作)', '능작(能作)', '소작(所作)'으로 한역된다. 남성 명사로서는 '하는 것', '만드는 것', '손', '(코끼리의) 코' 등의 뜻이다. karī에 대하여는 74를 참조하면 된다. 80과 같음.

86. 薩嚩舍都嚕你嚩囉尼

살바사도로니바라니

sarva · śatru · nivāraṇi

모든 원적(怨敵)을 차단시키며,

3에서와 같이 sarva는 형용사로서 '모든', '전체의', '일체의', '각각의' 등의 뜻이 있고, 한역으로는 '일체', '개(皆)'의 의미이며, 음사로는 '살리전(薩哩囀)'이 된다. 남성 단수 명사로는 '각인(各人)', 복수로서는 '전원(全員)'의 뜻을 지닌다. 또, 중성 단수 명사로서는 '만사(萬事)'의 뜻이다. śatru는 남성 명사로서 '적', '경쟁자', '이웃나라 왕'의 뜻인데, 한역으로는 '원(怨)', '원적(怨敵)', '원수(怨讐)'가 된다. 77에서와 같이 nivāraṇi는 nivāraṇa의 여성형으로 보인다. nivāraṇa는 형용사로서는 '저지하는', '방지하는', 중성 명사로서는 '방지', '저지', '정지', 대격과 함께 '예방', '금지'의 뜻이며 한역으로는 '차(遮)', '개(蓋)'이다.

87. 巨囉喃
거라남
ghora
무서운

ghora는 형용사로서 '숭고한', '무서운'의 의미가 있으며, '해(害)', '외(畏)', '악(惡)', '추악(醜惡)'으로 한역된다. 중성 명사로는 '숭고', '전율', '공포', '마법(魔法)', '주문(呪文)'의 뜻이 있다.

88. 突室乏鉢那難遮那舍尼
도스바발나난자나샤니
duḥsvapna · nāśana · śanī[36)]
악몽 등을 소멸시키고,

77에서 보는 바와 같이 duḥsvapna는 남성 명사로서 '악몽'의 뜻이며 한역 역시 마찬가지이다. nāśana는 형용사로서(여성형은 nāśani) '파괴하는', '제거하는', '옮기는'의 뜻이며, 중성 명사로는 '파괴', '철거'의 의미가 있다. 속격으로는 '~의 망각'의 뜻이다. '해(害)', '손(損)', '파괴(破壞)', '멸제(滅除)'로 한역된다. śanī는 사전에서 찾기 어렵다.

36) 중국본에는 śanī가 없다.

89. 毘沙設薩怛囉

비사샤살다라

visha · śastra

독약과 검(劍)의 난(難)

visha는 사전에는 viṣa로 나와 있다. viṣa는 중성 명사로서 '독', '독액'의 의미가 있고, '독약', '독해', '독물'로 한역된다. 음사로는 '미사(尾沙)'이다. śastra는 중성 명사로서 '단검(短劍)', '무기(武器)', '소도(小刀)'의 뜻이 있고 '도(刀)', '도검(刀劍)', '장(杖)', '병기(兵器)', '병과(兵戈)'로 한역된다.

90. 阿祁尼

아기니

agni

화(火)의 난(難)

agni는 남성 명사로서 '화(火)', '화재(火災)', 'Agni 신(神)'이고 '화(火)', '맹화(猛火)', '연(燃)'으로 한역된다.

91. 烏陀迦囉尼

오다가라니

udaka · uttarani!

물의 난으로부터 구제시키도다!

udaka는 중성 명사로서 '물', '구이(垢離)'의 의미이며, '수(水)', '정수(淨水)'로 한역된다. uttāraṇa는 형용사로서 '횡절(橫切)하는', '구조(救助)하는', '제도(濟度)하는', 중성 명사로서 '구조', '제도'의 의미를 지니며 '구도(救度)'로 한역된다.

92. 阿波囉視多具囉

아파라시다구라

Aparājitā · gura[37]

불패(不敗)의 구라 신(神)

aparājita는 형용사로서 '쳐 이길 수 없는', '정복할 방법이 없는'의 뜻인데, 한역으로는 '무능승(無能勝)', '무능괴(無能壞)', '막능괴(莫能壞)'이다. gura는 사전에 보이지 않는다.

93. 摩訶跋囉戰拏

마하바라전나

mahā · bala · caṇḍa

대력(大力)의 찬다 신(神)

mahā는 형용사로서 '큰', '거대한'의 뜻이고, 한역으로는 '대(大)', '광대(廣大)', '기(巨)'이다. bala는 중성 단수 명사로서 '힘', '능력', '체력', '활력'의 의미이고, 한역으로는 '력(力)', '세력(勢力)', '기력(氣力)', '대력(大力)', '강력(强力)'이다. caṇḍa는 형용사로는 '불타

---

37) 淸光寺本에는 Aparājitāgrā가 '無敵', '最上勝尊'으로 되어 있다.

는', '격렬한', '성급한', '격노하는', '잔혹한'의 뜻이고, 여성 명사로는 caṇḍā 또는 caṇḍī이다. 한역으로는 '성(盛)', '포악(暴惡)', '심노(深怒)'이고 부사로는 '격렬하게', '격노하여'가 된다. 음사로는 '찬나(賛拏)'이다.

94. 摩訶提哆

마하뎨다

mahā · teja

대화염신(大火焰神)

mahā는 형용사로서 '큰', '거대한'의 뜻이고, 한역으로는 '대(大)', '광대(廣大)', '거(巨)'이다. teja(사전에는 tejas)는 중성 명사로서 '열', '불', '빛'의 뜻이며 '화(火)', '광(光)', '광휘(光輝)', '위력', '위세'로 한역된다.

95. 摩訶帝闍

마하뎨사

mahā · teja

대화염신(大火焰神)

mahā는 형용사로서 '큰', '거대한'의 뜻이고, 한역으로는 '대(大)', '광대(廣大)', '거(巨)'이다. teja(사전에는 tejas)는 중성 명사로서 '열', '불', '빛'의 뜻이며 '화(火)', '광(光)', '광휘(光輝)', '위력', '위세'로 한역된다.

96. 摩訶稅尾多

마하세비다

mahā · śveta

대천녀(大天女)의

mahā는 형용사로서 '큰', '거대한'의 뜻이고, 한역으로는 '대(大)', '광대(廣大)', '거(巨)'이다. śveta는 형용사로서 '흰', '빛나는'의 뜻이고, 한역으로는 '백(白)', '백색(白色)', '광백(光白)'이며, 남성 명사로서는 '백마(白馬)', 인명(人名), 중성 명사로서는 '백목(白目)'이다.

97. 什伐囉

집벌라

jvala

염광신(炎光神)

jvala는 남성 명사로서 '염(焰)', 한역으로는 '화(火)', '광명(光明)'이다. 이에 대한 여성 명사는 jvālā이다.

98. 摩訶跋囉

마하바라

mahā · bala

대력(大力)의

mahā는 형용사로서 '큰', '거대한'의 뜻이고, 한역으로는 '대(大)',

'광대(廣大)', '거(巨)'이다. bala는 중성 단수 명사로서 '힘', '능력', '체력', '활력'의 의미이고 한역으로는 '력(力)', '세력(勢力)', '기력(氣力)', '대력(大力)', '강력(强力)'이다.

99. 半茶囉嚩悉你
반다라바시니
pāṇḍara · vāsinī
백의여신(白衣女神)

pāṇḍara는 형용사로서 '담황색(淡黃色)의', '청백색(靑白色)의', '백색(白色)의'의 뜻이고 한역으로는 '백(白)', '황(黃)'이다. vāsin은 형용사로서 '~을 입은'의 뜻이다.

100. 阿唎耶多囉
아리야다라
ārya · tāra
현도천녀신(賢度天女神)

ārya는 형용사로서 '신의 깊은', '존경해야 할', '고귀한'의 뜻이고, 한역으로는 '귀(貴)', '성(聖)', '성자(聖者)', '묘성(妙聖)'이다. 남성 명사로는 'Ārya 사람〔Veda를 받드는 인도인〕', 'Vaiśya 이상의 삼종성(三種姓; 계급)의 사람', '존경받아야 할 사람'이다. 한역으로는 '성(聖)', '성인(聖人)', '성자(聖者)'이다. tāra는 형용사로서 '횡단하는', '관통하는', '구제하는', '보호하는', '높은', '고성(高聲)의', '빛

나는'의 뜻이 있고, 남성 명사로서는 '푸른빛을 내는 진주(眞珠)', '성어(聖語) om 또는 Tantra 가운데의 다른 신비한 단철어(單綴語)', 'Viṣṇu 이외의 다른 신'이다. tārā는 tāra의 여성형이다.

101. 毘哩俱知制嚩毘闍耶
비리구지체바비사야
bhrikutī · caiva · vijaya
진여신(瞋女神), 최승여신(最勝女神)

bhrikutī는 bhrū-kuṭi의 잘못이다. 이는 여성 명사로서 '눈썹의 수축', '눈썹을 찌푸리는 것'의 뜻이고 한역으로는 '빈축(嚬蹙)'이다. caiva는 사전에 보이지 않는다. vijaya는 남성 명사로서 '승리를 다투는 것', '승리', '개선', '정복'이고, 복수 명사로는 어느 '민족의 이름'이며, 형용사로서는 '승리로 이끄는', '승리를 선언하는'의 뜻이 있다.

102. 筏折囉摩禮底毘輸嚕多
바절라마례디비슈로다
vajra · māleti[38] · viśruta
마례티 꽃을 가진 유명한 금강모신(金剛母神)

vajra는 남성 명사 또는 중성 명사로서 '뇌전(雷電), 특히 Indra 신의 뇌전 또는 금강저(金剛杵) 신의 칭(稱)', '금강석(金剛石)'의 의

38) 淸光寺本에는 māleti가 '花冠', '花鬘'으로 되어 있다.

미를 가지며, 한역으로는 '금강(金剛)', '금강저(金剛杵)', '벽력(霹靂)'이다. māleti는 사전에 나오지 않는다. viśruta는 과거수동분사로서 '유명한'의 뜻이고, 남성 명사로서는 사람 이름, 중성 명사로서는 '명성(名聲)'이다. 한역으로는 '선문(善聞)', '명칭(名稱)', '미명칭(美名稱)'이다.

103. 鉢踏罔迦
발답망가
pradamaka[39)]
연화(蓮華)에 앉은 여신(女神),

pradamaka는 padmaka의 잘못이다. padmaka는 남성 명사로서 '연화(蓮華)', '송백(松柏)'의 뜻이다.

104. 跋折囉皃訶縛者
바절라아하바쟈[40)]
vajra · jihvā · ca
또한 금강설녀신(金剛舌女神)

vajra는 남성 명사 또는 중성 명사로서 '뇌전(雷電), 특히 Indra 신의 뇌전 또는 금강저(金剛杵) 신의 칭(稱)', '금강석(金剛石)'의 의미를 가지며, 한역으로는 '금강(金剛)', '금강저(金剛杵)', '벽력(霹

39) 중국본에는 padmaka로 되어 있다.
40) 중국본에는 '지흐바'로 되어 있다.

靂)'이다. jihvā는 여성 명사로서 '혀'(舌)이고, jihva는 남성 명사로서 '혀'(舌)이다. ca는 접사로서 '또', '및', '~과 마찬가지로'의 뜻이다.

105. 摩囉制縛

마라체바

māra · caiva

꽃다발을 가진

māra는 mālā의 잘못이다. mālā는 남성 명사로서 '화만(華鬘)', '화환(花環)', '화관(花冠)'의 의미이다. caiva는 사전에 보이지 않는다.[41]

106. 般囉室多

바라질다

aparājita

불패(不敗)의 여신(女神)

aparājita는 형용사로서 '쳐 이길 수 없는', '정복할 방법이 없는'의 뜻인데, 한역으로는 '무능승(無能勝)', '무능괴(無能壞)', '막능괴(莫能壞)'이다.

---

41) 淸光寺本에는 caive가 '또한', '實로'의 뜻으로 되어 있다.

107. 跋折囉檀持

발절라단디

vajra daṇḍi

금강저여신(金剛杵女神)

vajra는 남성 명사 또는 중성 명사로서 '뇌전(雷電), 특히 Indra 신의 뇌전 또는 금강저(金剛杵) 신의 칭(稱)', '금강석(金剛石)'의 의미를 가지며, 한역으로는 '금강(金剛)', '금강저(金剛杵)', '벽력(霹靂)'이다. daṇḍi는 사전에 보이지 않는다. 참고로 말하면 daṇḍika는 형용사로서 '벌(罰)하는'이고, 남성 명사로는 '경리(警吏)', daṇḍikā는 남성 명사로서 '장(杖)', '봉(棒)'이며, daṇḍin는 형용사로는 '봉(棒)을 가진', 남성 명사로는 '제사주기(第四住期)에 있는 바라문(婆羅門)', '수위(守衛)', '경리(警吏)', '태양의 문위(門衛)의 명(名)', 'Yama 신(神)의 칭(稱)'이다.

108. 毘舍羅摩遮

비샤라마차

viśalā · ca

또 위대하며

viśalā는 형용사로서 '광대한', '넓은', '큰', '강력한', '저명한'의 뜻이고, 한역으로는 '광대(廣大)', '광(廣)', '관(寬)', '다(多)', '광장(廣長)'의 의미이며, 남성 명사로는 'Takṣaka 부(父)의 이름', '왕의 이름', 'Asura의 이름', '보살(菩薩)의 이름'이고, 중성 명사로는 '성지

(聖地)의 이름'이다. ca는 접사로서 '또', '및', '~과 마찬가지로'의 뜻이다.

109. 扇多舍毘制嚩布室哆蘇摩嚕波
선다샤비데바부시다소마로파
śānta · deva[42] · pūjita · saumi · rūpā
아름다운 신들로부터 공양받고, 뛰어난 주술자의 모습을 한

śānta는 Śam의 과거수동분사로서 한역으로는 '적(寂)', '적정(寂定)', '적멸(寂滅)', '정(靜)', '식(息)', '무열(無熱)', '담박(淡泊)'의 뜻이다. deva는 형용사로서 '천(天)의', '신성한'의 뜻이고, 남성 명사로서는 '천상(天上)의 자(者)', '신격자', '신성한 자', '제관', '바라문(婆羅門)', '왕', 'Kṛṣṇa 신(神)의 칭(稱)'이며, 한역으로는 '천(天)', '천신(天神)'이다.[43] pūjita는 Pūj의 과거수동분사로서 한역으로는 '소봉(所奉)', '공양(供養)', '득공양(得供養)', '소공양(所應供)', '소공경(所恭敬)', '공경공양(恭敬供養)'이다. 사전에 saumi는 보이지 않고 saumika가 보이는데 이는 'Soma'(酒의 신) 또는 'Soma 제(祭)에 속하는'의 뜻이다. 참고로 saumī는 여성 명사로서 '월광(月光)'이다. rūpā는 rūpa의 잘못이다. 참고로 말하면 rūpa는 중성 명사로서 '외관', '색(色)'이고, 복수 명사로서 '초상(肖像)', '상(像)', '아름다운 형(形)', '미(美)', '영상(映像)'의 뜻이며, 한역으로는 '색(色)',

42) 중국본에는 videha로 되어 있다. videha는 형용사로서 '육체가 없는', '죽은'의 뜻이어서 문맥상 맞지 않는다.

43) deva의 여성형은 devī이다.

'색상(色相)', '용색(容色)', '상(相)', '형(形)', '형모(形貌)'이다.[44] 또, rūpājīva는 형용사로서 '미모(美貌)로 살아가는', '매음(賣淫)으로 살아가는'의 뜻이다.

110. 摩訶稅尾多

마하세미다

mahā · śveta

태백여신(太白女神)

mahā는 형용사로서 '큰', '거대한'의 뜻이고, 한역으로는 '대(大)', '광대(廣大)', '거(巨)'이다. śveta는 형용사로서 '흰', '빛나는'의 뜻이고, 한역으로는 '백(白)', '백색(白色)', '광백(光白)'이며, 남성 명사로서는 '백마(白馬)', 인명(人名), 중성 명사로서는 '백목(白目)'이다.

111. 阿哩耶多羅

아리야다라

ārya · tārā

현도천녀신(賢度天女神)

ārya는 형용사로서 '신의 깊은', '존경해야 할', '고귀한'의 뜻이고, 한역으로는 '귀(貴)', '성(聖)', '성자(聖者)', '묘성(妙聖)'이다. 남성 명사로는 'Ārya 사람〔Veda를 받드는 인도인〕', 'Vaiśya 이상의

---

44) 淸光寺本에는 saumī, rūpā로 되어 있으나 같은 의미로 해석되어 있다.

삼종성(三種姓; 계급)의 사람', '존경받아야 할 사람'이다. 한역으로는 '성(聖)', '성인(聖人)', '성자(聖者)'이다. tāra는 형용사로서 '횡단하는', '관통하는', '구제하는', '보호하는', '높은', '고성(高聲)의', '빛나는'의 뜻이 있고, 남성 명사로서는 '푸른빛을 내는 진주(眞珠)', '성어(聖語) om 또는 Tantra 가운데의 다른 신비한 단철어(單綴語)', 'Viṣṇu 이외의 다른 신'이다. tārā는 tāra의 여성형이다. 100과 같음.

112. 摩訶跋囉阿波囉

마하바라아파라

mahā · bala · aparā

대력여신(大力女神)

mahā는 형용사로서 '큰', '거대한'의 뜻이고, 한역으로는 '대(大)', '광대(廣大)', '거(巨)'이다. bala는 중성 단수 명사로서 '힘', '능력', '체력', '활력'의 의미이고 한역으로는 '력(力)', '세력(勢力)', '기력(氣力)', '대력(大力)', '강력(强力)'이다. aparā는 사전에 보이지 않고 aparājita가 보이는데 이는 형용사로서 '쳐 이길 수 없는', '정복할 방법이 없는'의 뜻인데 한역으로는 '무능승(無能勝)', '무능괴(無能壞)', '막능괴(莫能壞)'이다. aparājita는 106 참조.

113. 跋折囉商羯囉制婆

바절라샹가라제바

vajra · śriṅklala · (caiva)

금강소여신(金剛鎖女神)

vajra는 남성 명사 또는 중성 명사로서 '뇌전(雷電), 특히 Indra 신의 뇌전 또는 금강저(金剛杵) 신의 칭(稱)', '금강석(金剛石)'의 의미를 가지며, 한역으로는 '금강(金剛)', '금강저(金剛杵)', '벽력(霹靂)'이다. śriṅklala는 사전에 보이지 않고 śriṅkalā는 여성 명사로서 '색(色)'으로 나와 있고, śriṅkhala는 남성 명사, 중성 명사로서 '족쇄'이다.[45] caiva는 사전에 보이지 않는다.

114. 怛他跋折囉俱摩唎迦

다타바절라구마리가

tathā[46] · vajra · kaumārī

금강동여신(金剛童女神)

tathā는 부사로서 '그 모양으로', '그대로', '~과 같이', '같은 방법으로'의 뜻이며, 한역으로는 '여(如)', '역(亦)', '사(似)', '차역(此亦)'이다. vajra는 형용사로서는 '적의(敵意) 있는', '원수를 만드는'이고, 중성 명사로서는 '적대 관계', '불화', '적군(敵軍)'이며 한역으로는 '원(怨)', '원한(怨恨)', '원악(怨惡)', '원적(怨敵)'이다. kaumārī는 여성 명사로서 '인격화한 군신(軍神)의 여성적 세력(勢力)'이다.

---

45) 淸光寺本에는 '鎖', '連鎖'로 풀이되어 있다.

46) 중국본에는 tathā가 없다.

115. 俱嚂吔唎

구람다리

kulandharī

시녀신(侍女神)

kulandharī는 사전에 보이지 않는다. kula는 중성 명사로서 '군(群)', '군집(群集)', '집단(集團)', '종족(種族)', '가족(家族)'의 뜻이고, 한역 역시 같은 뜻이다.[47]

116. 跋折囉訶薩哆者

바절라하사다자

vajra · hasta · (ca)

또한 금강수여신(金剛手女神),

vajra는 남성 명사 또는 중성 명사로서 '뇌전(雷電), 특히 Indra 신의 뇌전 또는 금강저(金剛杵) 신의 칭(稱)', '금강석(金剛石)'의 의미를 가지며, 한역으로는 '금강(金剛)', '금강저(金剛杵)', '벽력(霹靂)'이다. hasta는 남성 명사로서 '손', '척도(尺度)로서의 팔'(약 46cm), '필적(筆跡)', '풍부(豊富)', '제11 또는 13의 월수(月宿)'의 뜻이며, 형용사로서는 '손 안에 있는'의 뜻이다. ca는 접사로서 '또', '및', '~과 마찬가지로'의 뜻이다.

---

47) 淸光寺本에는 kulandharī에 대하여 '群', '群集', '集團', '種族', '家族'으로 풀이하고 있다.

117. 微地也

비디야

vidyā

명주여신(明呪女神)

vidyā는 여성 명사로서 '지식', '학문', '학술'(특히 三 Veda의 지식), '주술(呪術)', '주문(呪文)'의 뜻이고, 한역으로는 '명(明)', '술(術)', '해(解)', '식(識)'이다.

118. 乾遮那摩唎迦

건자나마리가

kāñcāna · mālikaḥ

금만여신(金鬘女神),

kāñcāna는 중성 명사로서 '황금', '금전(金錢)'이며, 한역으로는 '금(金)', '자금(紫金)', '자마금(紫磨金)'이고, 형용사로는 '황금의', '황금제의'의 뜻이다.48) mālika는 남성 명사로서 '화환(花環)을 만드는 사람', '화초재배자', '정사(庭師)'이다.

119. 俱蘇婆喝囉怛囉怛囉

구소바가라다라다나

kusumbha · ratna

황금의 보물을 가진 여신(女神),

48) 이 형용사의 여성형은 kāñcānī이다.

kusumbha는 남성 명사로서 '홍화(紅花)'(꽃 이름), '(행자의) 수병(水甁)'이다. 한역으로는 '홍(紅)'이다. ratna는 중성 명사로서 '선물', '재산', '부', '보석(寶石)', '보주(寶珠)', '진주(眞珠)'의 의미이며, 한역으로는 '보(寶)', '진보(珍寶)', '보구(寶具)'이다.

120. 毘嚕遮耶那俱唎耶
비로자야나구리야
vairocana · kriya
두루 비추는

vairocana는 형용사로는 '태양의'의 의미이고, 남성 명사로는 'Virocana의 자식', '어느 왕의 이름'의 의미이며, 한역으로는 '편조(遍照)', '편광(遍光)', '보조(普照)', '보염(普焰)'이다. kriya는 여성 명사 kriyā와 같은 의미로서 '제작', '구성', '실행', '처리', '행위', '노력', '동사(動詞)'(문법의)의 뜻이고, 한역으로는 '작(作)', '소작(所作)', '동작(動作)', '행(行)', '과(果)'이다.

121. 韜淡夜囉烏瑟尼沙
도담야라오스니사
arthoshṇishāṃ
역량(力量)의 불정여신(佛頂女神),

artha는 남성 명사로서 '임사(任事)', '의미(意味)', '목적(目的)', '이익(利益)', '사용(使用)', '재산', '도리'의 뜻이다. ushṇisha는 남성

명사, 중성 명사로서 '머리를 감는 포(布)'이며 한역으로는 '정(頂)', '정고(頂高)', '불정(佛頂)', '존승(尊勝)', '최승정상(最勝頂相)'이다.

122. 毘折藍婆摩邏遮
비절람바마라차
vijrimbha · mālā · (ca)
또 개구여신(開口女神)

vijrimbha는 vijṛmbha의 잘못이다. vijṛmbha는 남성 명사로서 '눈썹을 찌푸리는 것'의 의미이고, vijṛmbhaṇa는 중성 명사로서 '하품', '개화(開花)', '부는 것〔吹〕', '전개(展開)'의 의미가 있다. mālā는 여성 명사로서 '화환(花環)', '화관(花冠)', '머리 장식'의 의미가 있으며, 한역으로는 '만(鬘)', '화만(花鬘)'이다. ca는 접사로서 '또', '및', '~과 마찬가지로'의 뜻이다.

123. 跋折囉迦那迦
바절라가나가
vajra · kanaka
번개와 황금의

vajra는 남성 명사 또는 중성 명사로서 '뇌전(雷電), 특히 Indra 신의 뇌전 또는 금강저(金剛杵) 신의 칭(稱)', '금강석(金剛石)'의 의미를 가지며, 한역으로는 '금강(金剛)', '금강저(金剛杵)', '벽력(霹靂)'이다. kanaka는 중성 명사로서 '황금'의 뜻이고, 한역으로는

'금', '금색', '진금', '금괴'이다.

124. 鉢囉婆咾遮那

바라바로차나

prabhā · locana

빛이 나고, 연꽃 같은 눈을 가진

prabhā는 여성 명사로서 '장려(壯麗)', '광휘(光輝)', '광(光)', '찬란(燦爛)'의 의미이며, 형용사(prabha)로는 '빛처럼 반짝이는'의 뜻이고, 한역으로는 '광(光)', '명(明)', '광명(光明)', '방광(放光)', '염명(焰明)', '염명(炎明)'이다. locana는 형용사로는 '조명(照明)하는'의 뜻이고, 중성 명사로는 '눈'이다. 한역은 '눈', '관(觀)'이다.

125. 跋折囉敦尼遮

바절라돈니차

vajra · tundi · (ca)

금강취여신(金剛嘴女神),

vajra는 남성 명사 또는 중성 명사로서 '뇌전(雷電), 특히 Indra 신의 뇌전 또는 금강저(金剛杵) 신의 칭(稱)', '금강석(金剛石)'의 의미를 가지며, 한역으로는 '금강(金剛)', '금강저(金剛杵)', '벽력(霹靂)'이다. tundi는 tuṇḍi의 잘못이다. 이는 남성 명사로서 '쫑'(啄), '(새의) 부리'(嘴), '두드림'의 의미이고, ca는 접사로서 '또', '및', '~과 마찬가지로'의 뜻이다.49)

126. 稅尾多遮迦摩囉乞叉

세비다차가마라걸차

śveta · ca · kamalāksha[50)]

또 백련화(白蓮花) 같은 눈을 가진 여신,

śveta는 형용사로서 '흰', '빛나는'의 뜻이고, 남성 명사로서 '백마(白馬)', 중성 명사로서 '백목(白目)'이다. 사전에 kamalāksha는 kamalākṣa로 되어 있다. 이는 형용사로서 '연화(蓮花) 같은 눈의'의 뜻이다. ca는 접사로서 '또', '및', '~과 마찬가지로'의 뜻이다.

127. 舍施鉢囉婆翳帝夷帝

샤시바라바이데이데

[51)]śaśi · prabhā · ityeti

빛나는 눈을 가진 월광여신(月光女神)… 등과 같이,

śaśiprabhā는 여성 명사로서 '어느 여인의 이름'이고, śaśiprabha는 형용사로서 '달처럼 빛나고 있는'의 뜻이다. ityeti는 사전에 보이지 않고 ityādi가 보이는데 이는 형용사로서 '이 같은 것들을 처음과 같이 하여', '등등(等等)의'의 뜻이며 중성 명사로서는 '이것

49) 중국본에는 tuṇḍi로 나와 있다.

50) 중국본에는 kamala로 되어 있다. kamala는 남성 명사, 중성 명 사로서 '蓮', '蓮華', '靑蓮華'의 뜻이고, 중성 명사만으로는 '물(水)'의 의미이다.

51) 중국본에는 이 자리에 aksha가 온다. 사전에는 akṣa(=akṣi)로 나 와 있는데 이는 남성 명사, 중성 명사로서 '눈'(眼), '감각 기관' 의 뜻이다.

과 그외 것', '기타 등등…'의 의미이다.

128. 毋陀囉尼揭拏
모다라니가나
mudrāni · gaṇa!
제인(諸印)들을 보이는 제존들이여!

mudrāni는 사전에 보이지 않는다. mudrā는 여성 명사로서 '각인(刻印)된 지환(指環)', '봉인(封印)', '인장(印章)', '누른 흔적', '표징(標徵)'의 의미이고, gaṇa는 남성 명사로서 '군중(群衆)', '대중', '다수', '종자(從者)', '집단', '신군(神群)', 'Śiva 신의 종자(從者)'의 뜻이고, 한역으로는 '중(衆)', '취(聚)', '대중(大衆)'이다.

129. 娑吠囉乞懺
사베라걸참
sarve · rakshāṃ
모든 것들에 수호를

sarve는 sarva의 남성 단수 처격형이다. sarva는 형용사로서 '전부의', '전체의', '일체의', '각각의'의 의미가 있고, 한역으로는 '일체(一切)', '개(皆)'이며, 남성 단수 명사로서는 '각인(各人)', 'Kṛṣṇa 신의 칭(稱)'의 의미를 갖고, 복수로서는 '모두', '전원(全員)'의 뜻이 있다. rakshā가 아닌 rakṣā는 여성 명사로서 '보호', '보존', '구호(救護)'의 의미가 있다. rakṣāṃ은 여성 명사 rakṣā의 단수 대

격형이다.[52]

130. 俱囉飯都印鯊那麼麼那寫
　　구라반도인토나마마나샤
　　kurvantu · ittāṃmamāsya
　　베푸소서! 이처럼 (連誦하는) 이 나에 대하여,

kurvantu는 어근 Kṛ '하다', '만들다'의 명령형으로 쓰인 것이다. ittāṃ의 형태로는 사전에 보이지 않고 ittham 또는 itthā가 보이는데 이는 모두 부사로서 '이와 같이'의 뜻으로 나와 있다. mama는 1인칭 대명사 mad의 속격형으로 '나의'의 뜻이다. -sya는 -a로 끝나는 남성 명사의 속격형이다. 여격이 쓰일 자리에 속격이 쓰이는 것에 대하여는 파니니 문법 1.4.32를 참조할 수 있다.

《능엄주 제2회》[53]

131. 嗚吽牟哩瑟揭拏
　　옴-무리시게나
　　Oṃ rishi · gaṇa
　　성선중(聖仙衆)에게

---

52) rakṣāṃ은 rakṣām이 되는 것이 문법에 맞는다.
53) 釋仁基(1989)에 따르면 제2회는 '釋尊應化會'에서 설하여진다.

om은 간투사로서 '(聖字) om〔기념(祈念) 또는 기도문(祈禱文)의 개시(開始) 때 · Veda 암송의 전후에 쓰인다. 여기에는 많은 신비적인 해석이 있다〕'으로 되어 있다. 한역으로는 '극찬(極讚)'이다. rishi는 roṣi의 잘못이다. 이는 남성 명사로서 '선(仙)'의 뜻이다. gaṇa는 남성 명사로서 '군중(群衆)', '대중(大衆)', '다수(多數)', '종자(從者)', '집단(集團)', '신군(神群)', 'Śiva 신의 종자(從者)'의 뜻이고, 한역으로는 '중(衆)', '취(聚)', '대중(大衆)'이다.

132. 鉢囉舍薩多
바라샤스다
praśastas
찬미되는

praśasta는 어근 Śaṃs의 과거수동분사로서 한역으로는 '찬(讚)', '찬탄(讚嘆)', '찬미(讚美)', '칭찬(稱讚)', '길상(吉祥)'이다.

133. 薩怛他揭都
사다타가도
tathāgata
여래

tathāgata는 형용사로서 '이렇게 춤추는', '이러한 상태에 있는', '이러한 성질 또는 본성의', '이와 같은'의 뜻이 있다. 남성 명사로서는 '불교도'의 의미를 가진다. 한역으로는 '여래', '불(佛)', '세존'

이 되고 음사로는 '다타아가도(多陀阿伽度)', '다타아가타(多陀阿伽馱)', '다타아가도(多他阿伽度)'이다. 31 참조.

134. 烏瑟尼沙
오스니삼
ushṇishāṃ!//
불정(佛頂)이여!

ushṇisha는 uṣṇīṣa의 잘못이다. 이는 남성 명사, 중성 명사로서 '머리를 감는 포(布)'이며 한역으로는 '정(頂)', '정고(頂高)', '불정(佛頂)', '존승(尊勝)', '최승정상(最勝頂相)'이다.

135. 呼吽咄嚕吽
훔-도로옴
Hūṃ trūṃ.
거룩히 존경하는

hūṃ은 사전에 보이지 않는다. trūṃ은 bhrūṃ의 잘못이다.[54]

136. 瞻婆那
점바나

54) 淸光寺本에는 hūṃ bhrūṃ이 각각 같은 의미로 '聖語', '種子'로 되어 있다. 그리고 釋仁基(1989)에는 hūṃ은 '오직', hūṃ bhrūṃ은 '존경의 뜻'이라고 풀이되어 있다. 137, 139, 141, 144, 148, 152, 156, 288, 434, 435도 마찬가지이다.

jambhana!//

파괴자여!

jambhana는 형용사로서는 '파쇄(破碎)하는'의 뜻이고 남성 명사로서는 '파쇄자'의 뜻이다.[55]

137. 呼吽咄嚕吽

흠-도로음

Hūṃ trūṃ.

거룩히 존경하는

hūṃ은 사전에 보이지 않는다. trūṃ은 bhrūṃ의 잘못이다. 135와 같음.

138. 薩躭婆那

싣담바나

stambhana!//

제어자여!

stambhana는 형용사로서는 '강하게 하는', '경직시키는', '마비시키는', '정지하는', '중지하는', '억지하는'의 뜻이고, 한역으로는 '항복', '금복(禁伏)'이고, 중성 명사로는 '지지하는 것', '경직시키는 것', '마비시키는 것', '저지하는 것'의 뜻이다.

---

55) jambhana의 여성형은 jambhanī이다.

139. 呼吽咄嚕吽

흠-도로음

Hūṃ trūṃ.

거룩히 존경하는

hūṃ은 사전에 보이지 않는다. trūṃ은 bhrūṃ의 잘못이다. 135와 같음.

140. 婆囉微地也三婆乞叉那囉

파라비디야삼박-차나라

para · vidyā · saṃbhakshana kara!

딴 주문들을 삼켜버리는 분이여!

para는 형용사로서 〔장소에서 (탈격)〕 '보다 먼', '멀리 떨어진', 〔시간에서 (탈격)〕 '과거의', '이전의', '미래의', '보다 다음의', '다른', '외래의'의 의미이다. 남성 명사로서는 '타인', '반대자', '적'이고, 한역으로는 '타(他)', '타인(他人)'이다. vidyā는 여성 명사로서 '지식', '학문', '학술'(특히 三 Veda의 지식), '주술(呪術)', '주문(呪文)'의 뜻이고, 한역으로는 '명(明)', '술(術)', '해(解)', '식(識)'이다. saṃbhakshana는 형태 그대로는 사전에 나오지 않는다. kara는 형용사로서 '하는', '행하는', '야기하는'의 뜻이고, 남성 명사로서는 '하는 것', '만드는 것', '손', '(코끼리의) 코'이며, 한역으로는 '손'이다. 여기에서는 여성 명사 vidyā의 격 변화가 제대로 반영되어 있지 않다. -ā로 끝나는 여성 명사의 격 변화에 대하여는 37 참조.

141. 呼吽咄嚕吽

흠-도로음

Hūṃ trūṃ.

거룩히 존경하는

hūṃ은 사전에 보이지 않는다. trūṃ은 bhrūṃ의 잘못이다. 135와 같음.

142. 薩婆部瑟吒喃

살바부사타남

sarva · dushṭanāṃ

모든 악한 자들을

sarva는 형용사로서 '전부의', '전체의', '일체의', '각각의'의 의미가 있고, 한역으로는 '일체(一切)', '개(皆)'이며, 남성 단수 명사로서는 '각인(各人)', 'Kṛṣṇa 신의 칭(稱)'의 의미를 갖고, 복수로서는 '모두', '전원(全員)'의 뜻을 갖는다. dushṭa(사전에는 duṣṭa)는 어근 Duṣ의 과거수동분사로서 한역으로는 '악(惡)', '악성(惡性)', '극악(極惡)', '과(過)', '난조(亂調)'이며, 남성 명사로는 '악한(惡漢)', '무뢰한(無賴漢)'의 뜻이고, 중성 명사로는 '범죄(犯罪)', '죄(罪)', '죄과(罪過)'의 뜻이다. dushṭanāṃ은 남성 명사 dushṭa의 복수 속격형이다. 대격을 속격으로 표현하는 것에 대하여는 파니니 문법 2.3.54에 따른다.

143. 塞曇婆那羯囉

스담바나가라

stambhana · kara!//

제어하는 자여!

stambhana는 형용사로서는 '강하게 하는', '경직시키는', '마비시키는', '정지하는', '중지하는', '억지하는'의 뜻이고, 한역으로는 '항복', '금복(禁伏)'이고, 중성 명사로는 '지지하는 것', '경직시키는 것', '마비시키는 것', '저지하는 것'의 뜻이다. kara는 형용사로서 '하는', '행하는', '야기하는'의 뜻이고, 남성 명사로서는 '하는 것', '만드는 것', '손', '(코끼리의) 코'이며, 한역으로는 '손'이다.

144. 呼吽咄嚕吽

훔-도로움

Hūṃ trūṃ.

거룩히 존경하는

hūṃ은 사전에 보이지 않는다. trūṃ은 bhrūṃ의 잘못이다. 135와 같음.

145. 薩嚩藥叉

살바야차

sarva · yaksha

모든 야차귀(夜叉鬼),

sarva는 형용사로서 '전부의', '전체의', '일체의', '각각의'의 의미가 있고, 한역으로는 '일체(一切)', '개(皆)'이며, 남성 단수 명사로서는 '각인(各人)', 'Kṛṣṇa 신의 칭(稱)'의 의미를 갖고, 복수로서는 '모두', '전원(全員)'의 뜻을 갖는다. yaksha(사전에는 yakṣa)는 중성 명사로서 '나타남', '형태', '초자연적 존재', '요괴(妖怪)'의 의미이고, 남성 명사로서 'Kubera 신의 종자(從者)', '반신(半神)의 한 종류(一類)의 이름'의 뜻이며, 한역으로는 '신(神)', '귀신(鬼神)'이고, 음사로는 '야차(夜叉)'이다.

146. 喝囉刹娑揭囉訶喃

하라차사게라하남

harākshasa grahānāṃ

나찰귀(羅刹鬼)들의 재난을

harākshasa는 rākshasa(사전에는 rākṣasa)의 잘못이다. rākshasa는 형용사로서 '악마에 속하는' 또는 '악마에 특유한', '악마의'의 뜻이며, 남성 명사로서는 '악마', '밤의 악마'의 뜻이고, 한역으로는 '악귀(惡鬼)', 음사로는 '나찰(羅刹)', '나찰사(羅刹娑)'이다. graha는 형용사로서 '잡는', '얻는', '지각(知覺)하는'의 의미이며, 남성 명사로는 '포착자(捕捉者)', '유성(流星)', '병마(病魔)', '강도(强盜)', '절도(竊盜)'의 뜻이고, 한역으로는 '별', '악성(惡星)'이다. grahānāṃ은 남성 명사 graha의 복수 속격형이다. 대격을 속격으로 표현하는 것에 대하여는 파니니 문법 2.3.54에 따른다.

147. 毘陀防娑那羯囉

비다방사나가라

vidhvaṃsana · kara!//

절파(折破)하신 분이여!

vidhvaṃsana는 형용사로서 '멸하는', '파괴하는', '능욕하는'의 의미이며, 한역으로는 '괴(壞)', '파괴(破壞)', '패괴(敗壞)'이다. kara는 형용사로서 '하는', '행하는', '야기하는'의 뜻이고, 남성 명사로서는 '하는 것', '만드는 것', '손', '(코끼리의) 코'이며, 한역으로는 '손'이다. 80 참조.

148. 呼吽咄嚕吽

훔-도로음

Hūṃ trūṃ.

거룩히 존경하는

hūṃ은 사전에 보이지 않는다. trūṃ은 bhrūṃ의 잘못이다. 135와 같음.

149. 者都囉尸底喃

쟈도라시디남

catur · aśiṭīnāṃ

팔만 사천의

catur는 남성, 중성, 복수 명사로서 '사(四)'이다. aśītīnāṃ은 여성 명사로서 '80'의 의미를 가진 aśiti의 복수 속격형이다.

150. 揭囉訶娑囉喃
게라하사라남
graha · sahasrānāṃ
사마귀신들을

graha는 형용사로서 '잡는', '얻는', '지각(知覺)하는'의 의미이며, 남성 명사로는 '포착자(捕捉者)', '유성(流星)', '병마(病魔)', '강도(强盜)', '절도(竊盜)'의 뜻이고, 한역으로는 '별', '악성(惡星)'이다. sahasra는 중성 명사 또는 남성 명사로서 '천(千)'(큰 수 또는 다량), '천두(千頭)의 빈우(牝牛)'의 뜻이다. sahasrānāṃ은 남성 명사 sahasra의 복수 속격형이다. 대격을 속격으로 표현하는 것은 파니니 문법 2.3.54 조항에 따른다.

151. 毘陀防娑那羯囉
비다방사나가라
vidhvaṃsana · kara!//
파멸하신 분이여!

vidhvaṃsana는 형용사로서 '멸하는', '파괴하는', '능욕하는'의 의미이며, 한역으로는 '괴(壞)', '파괴(破壞)', '패괴(敗壞)'이다. kara는 형용사로서 '하는', '행하는', '야기하는'의 뜻이고, 남성 명사로서는 '하는 것', '만드는 것', '손', '(코끼리의) 코'이며, 한역으로는 '손'이다. 80 참조. 147과 같음.

152. 呼吽咄嚕吽

흠-도로음

Hūṃ trūṃ[56)]

거룩히 존경하는

hūṃ은 사전에 보이지 않는다. trūṃ은 bhrūṃ의 잘못이다. 135와 같음.

153. 阿瑟咤微摩舍帝喃

아스타비마사뎨남

ashta · viṃsatināṃ

스물 여덟 가지

ashṭā(사전에는 aṣṭa)는 형용사로서 '팔(八)'이고, viṁśati(사전에는 viṃśati)는 여성 명사로서 '두 개의 십(十)'의 뜻이다. ashṭāviṁśati는 여성 명사로서 '28'이다. ashṭāviṁśatināṃ는 ashṭāviṁśati의 복수 속격형이다. 81과 같음.

154. 那佉沙怛囉喃

나카사다라남

---

56) 152~155의 내용은 중국본에는 없다.

nakshatrānāṃ

성수들을

nakshatra는 중성 명사로서 '천체', '성(星)', '성좌(星座)', '성수(星宿)'〔원래는 27, 후에는 28 : Dakṣa의 아가씨와 달의 처(妻)로서의 인격화〕의 뜻이며, 한역으로는 '성(星)', '성수(星宿)', '성진(星辰)'이다. nakshatrānāṃ 은 중성 명사 nakshatra(사전에는 nakṣa-tra)의 복수 속격형이다. 대격형을 속격형으로 대신하는 것에 대하여는 파니니 문법 2.3.54에 따른다.

155. 婆囉摩駄那伽囉

바라마타나가라

pramardana · kara!//

기쁘게 하신 분이여!

pramardana는 형용사로서 속격을 취하여 '분쇄하는', '파괴하는', '절멸시키는'의 뜻이다. 한역으로는 '항복', '멸(滅)', '산멸(散滅)'이다. 남성 명사로는 'Viṣṇu 신의 칭(稱)'이다. kara는 형용사로서 '하는', '행하는', '야기하는'의 뜻이고, 남성 명사로서는 '하는 것', '만드는 것', '손', '(코끼리의) 코'이며, 한역으로는 '손'이다.57)

156. 呼吽咄嚕吽

훔-도로음

57) 이 부분은 원문과 풀이가 일치하지 않아 검토를 요한다.

Hūṃ trūṃ.

거룩히 존경하는 이여,

hūṃ은 사전에 보이지 않는다. trūṃ은 bhrūṃ의 잘못이다. 135와 같음.

157. 囉刹囉刹

라차라차

raksha raksha![58]//

(나를) 수호하소서, 수호하소서!

raksha(사전에는 rakṣa)는 형용사로서 '방호하는', '보호하는', '보존하는', '준수하는'의 뜻이고, 한역으로는 '수호(守護)', '옹호(擁護)'이다. 남성 명사로는 '번(番) 서는 사람'이고, 한역으로는 '수호', '수호자', '호위'이다.

158. 薄伽梵

박가범

bhagavāṃs

대(大)

bhagavāṃs는 사전에 나오지 않는다. bhagavat는 형용사로서 '행운의', '숭배해야 할', '존경해야 할', '신성의', '저명한', '신성한'

58) 중국본에는 raksha가 한 번만 나와 있다.

의 뜻이고, 남성 명사로는 'Viṣṇu 신 · Kṛṣṇa 신 · Śiva 신의 칭(稱)', '불타'의 의미이며, 한역으로는 '세존(世尊)'이고, 음사로는 '박가범(薄伽梵)', '바가바(婆伽婆)'이다.

159. 薩怛他揭都烏瑟尼沙
사다타아도오스니사
tathāgatoshṅisha
여래불정으로써

tathāgata는 형용사로서 '이렇게 춤추는', '이러한 상태에 있는', '이러한 성질 또는 본성의', '이와 같은'의 뜻이 있다. 남성 명사로서는 '불교도'의 의미를 가진다. 한역으로는 '여래', '불(佛)', '세존'이 되고 음사로는 '다타아가도(多陀阿伽度)', '다타아가타(多陀阿伽馱)', '다타아가도(多他阿伽度)'이다. ushṇisha는 남성 명사, 중성 명사로서 '머리를 감는 포(布)'이며 한역으로는 '정(頂)', '정고(頂高)', '불정(佛頂)', '존승(尊勝)', '최승정상(最勝頂相)'이다. 67 참조.

160. 鉢囉登擬哩
바라등이리
pratyaṅgira[59]!//
조복(調伏)시키는 분이여!

pratyaṅgiras는 남성 명사로서 '어떤 신화적 인물의 이름의 명

59) 淸光寺本에는 pratyaṅgirāṃ이 '具力', '佛의 異名'으로 되어 있다.

칭'이다. 70과 같음.

161. 摩訶薩訶薩囉部兒
마하사하사라부아
Mahā · sāhasra · bhuja
대천수여신(大千手女神)

mahā는 형용사로서 '큰', '거대한'의 뜻이고, 한역으로는 '대(大)', '광대(廣大)', '거(巨)'이다. sāhasra는 형용사로서 '천(千)을 가진', '천배(千倍)의', '극히 많은', '~에서 이루어지는', '~에 달하는'의 뜻이고, 중성 명사로서는 '천(千)'이다. bhuja는 남성 명사로서 '팔', '상아(象牙)', '가지'(枝), '곡선'의 의미이며, 중성 명사로서 '양팔의 중간', '가슴'의 의미이다.

162. 娑訶薩囉室曬
사하사라시리
sahasra · śirshe
천두여신(千頭女神)

sāhasra[60]는 형용사로서 '천(千)을 가진', '천배(千倍)의', '극히 많은', '~에서 이루어지는', '~에 달하는'의 뜻이고, 중성 명사로서는 '천(千)'이다. śirshe는 사전에 보이지 않는다. 참고로 말하면

60) 161에는 sāhasra로 나와 있고 162에는 sahasra로 나와 있는데 사전에는 sāhasra로 되어 있다.

śiras는 중성 명사로서 '머리', '정상', '봉우리', '수령', '수장', '제일 인자'의 뜻이다.

163. 俱胝舍多娑訶薩囉寧怛㘑
구지사다사하살라니다례
koṭi · śata[61] · sāhasra · netre!
일조안(一兆眼)을 지닌 여신이여!

koṭi는 여성 명사로서 '(활 등의) 만곡부', '첨단', '극단', '최고도', '천만'(數)의 뜻이다. śata는 남성 명사, 중성 명사로서 '백(百)'의 뜻이다. sāhasra는 형용사로서 '천(千)을 가진', '천배(千倍)의', '극히 많은', '~에서 이루어지는', '~에 달하는'의 뜻이고, 중성 명사로서는 '천(千)'이다. netra는 남성 명사로서 '지도자', '안내자'의 뜻이며, 중성 명사로서 '안내', '눈'의 뜻이다. 한역으로는 '목(目)', '안(眼)'이다.

164. 阿弊地也什嚩哩多那吒迦
아베디야지바리다나타가
Abhedyajvalita · naṭakā!
화염처럼 비추며 춤추는 여신이여!

abhedya는 미래수동분사로서 한역으로는 '무괴(無壞)', '불가괴

61) śata는 중국본에는 나타나지 않는다. śata는 남성 명사, 중성 명사로서 '百'의 뜻이다.

(不可壞)', '불가저괴(不可沮壞)', '무능괴자(無能壞者)'의 뜻이며, jvalita는 어근 Jval의 과거수동분사로서 한역으로는 '염연(焰然)', '맹염(猛焰)'의 뜻이며, 중성 명사로는 '조요(照耀)', '광휘(光輝)'의 뜻이다. naṭakā는 사전에 보이지 않고 naṭa가 보이는데 이는 남성 명사로서 '무용자', '배우', '무언극 배우'의 뜻이며, 한역으로는 '배우', '춤', '가무'이다.

165. 摩訶跋折嚕陀囉

마하바절로타라

Mahā · vajrodara!

대금강저(大金剛杵)를 가진 여신이여!

mahā는 형용사로서 '큰', '거대한'의 뜻이고, 한역으로는 '대(大)', '광대(廣大)', '거(巨)'이다. vajra는 남성 명사 또는 중성 명사로서 '뇌전(雷電), 특히 Indra 신의 뇌전 또는 금강저(金剛杵) 신의 칭(稱)', '금강석(金剛石)'의 의미를 가지며, 한역으로는 '금강(金剛)', '금강저(金剛杵)', '벽력(霹靂)'이다. udara는 중성 명사로서 '배', '위(胃)', '가슴', '내부'의 뜻이며, 한역으로는 '복(腹)', '장(腸)', '태(胎)'이다.[62)]

166. 帝哩菩嚩那

데리부바나

62) vajra의 -a와 udara의 u-가 합하여 -o-되는 것은 連聲法에 다른 것이다. 이에 대하여는 『산스끄리뜨의 기초와 실천』(이지수 역, 1993) 30쪽 참조.

tri · bhuvana
삼계(三界)의

tri는 남성 명사, 중성 명사로서 '삼(三)'의 뜻이다. bhuvana는 중성 명사로서 '존재', '생물', '존재물', '세계', '(삼계의 하나인) 지계(地界)'의 뜻이다. .

167. 曼荼囉
만다라
maṇḍalā!
만다라를 지배하는 여신이여!

maṇḍala는 형용사로서 '원형의', '둥근'의 뜻이며, 중성 명사로는 '원(圓)', '구형(球形)의 물건', '환(環)', '차륜(車輪)', '태양 또는 달 주위의 광륜(光輪)'의 뜻이고, 남성 명사, 중성 명사로서는 '단체', '전체', '집단', '군대', '지역', '영역'의 뜻이 있다. 음사로는 '만나라(曼拏羅)', '만다라(曼荼羅)'이다.

168. 嗚吽莎悉底
옴-사시뎨
Oṃ svastir
길상(吉祥)이

om은 간투사로서 '(聖字) om〔기념(祈念) 또는 기도문(祈禱文)의 개시(開始) 때 · Veda 암송의 전후에 쓰인다. 여기에는 많은 신비적인 해석이 있다]'으로 풀이되어 있다. 한역으로는 '극찬(極讚)'이다. svastir(사전에는 svasti)는 여성 명사로서 '복지(福祉)', '호운(好運)', '성공'의 뜻이고, 부사로는 '잘', '행복하게', '처음과 끝이 좋게'의 뜻이며, 한역으로는 '길(吉)', '복(福)', '길경(吉慶)', '길상(吉祥)', '무병(無病)'이다.

169. 薄婆都
바바도
bhavatu!//
있으소서!

bhavatu의 형태로는 사전에 나타나지 않는다. bhavat는 어근 BHū의 현재분사로서 '존재하는', '현존하는'의 뜻이다. -tu는 대체로 3인칭 단수 명령법 Parasmaipada(爲他言)의 어미이다. 명령법에 대하여는 215, 432를 참조할 수 있다.

170. 印菟麼麼
인토마마
Ittāṃmamāsya//
이와 같이 (連誦하는) 이 나에 대하여.

ittāṃ의 형태로는 사전에 보이지 않고 사전에는 ittham 또는 itthā가 보이는데 이는 모두 부사로서 '이와 같이'의 뜻으로 나와 있다. mama는 1인칭 대명사 mad의 속격형으로 '나의'의 뜻이다. -sya는 -a로 끝나는 남성 명사의 속격형이다. 속격형이 여격에 쓰이는 것은 파니니 문법 1.4.32를 참조할 수 있다.

《능엄주 제3회》63)

171. 囉闍婆夜

라사바야

Rāja · bhaya

왕난(王難),

rāja의 형태로는 사전에 보이지 않는다. rāj는 남성 명사로서 '지배자', '왕(王)'의 뜻이다. bhaya는 중성 명사로서 '공포', '염려', '위험', '위난(危難)'의 뜻이다. 참고로 말하면 rājan도 남성 명사로서 '왕(王)'의 의미이다. rājan의 격변화를 보면 아래와 같다.

(9) rājan. m. '왕'

	Sg.	Du.	Pl.
N.	raja	rājānau	rājānaḥ
Ac.	rājānam	rājānau	rājñaḥ
Ins.	rājñā	rājābhyām	rājabhiḥ

63) 釋仁基(1989)에 따르면 제3회는 '觀音合同會'에서 설하여진다.

D.	rājñe	rājabhyām	rājabhyaḥ
Ab.	rājñaḥ	rājabhyām	rājabhyaḥ
G.	rājñaḥ	rājñoḥ	rājñām
L.	rājñi	rājñaḥ	rājasu
	rājani		
V.	rājan	rājānau	rājānaḥ

172. 主囉婆夜

주라바야

cora · bhaya

도적의 재앙,

cora는 남성 명사로서 '도적', '표절자(剽竊者)'의 뜻이며, 한역으로는 '적(賊)', '원적(怨賊)'이다. bhaya는 중성 명사로서 '공포', '염려', '위험', '위난(危難)'의 뜻이다.

173. 阿祇尼婆夜

아기니바야

agni · bhaya

불의 재앙,

agni는 남성 명사로서 '불', '화재', 'Agni 신'의 뜻이며, 한역으로는 '화(火)', '맹화(猛火)', '연(燃)'이다. bhaya는 중성 명사로서 '공포', '염려', '위험', '위난(危難)'의 뜻이다.

174. 烏陀迦婆夜

오다가바야

udaka · bhaya

물의 재앙,

udaka는 중성 명사로서 '물', '구리(垢離)', '(祖靈에 대하여) 성수(聖水)를 바치는 것'의 뜻이다. bhaya는 중성 명사로서 '공포', '염려', '위험', '위난(危難)'의 뜻이다.

175. 吠沙婆夜

베사바야

visha · bhaya

독난(毒難),

visha(사전에는 viṣa)는 중성 명사로서 '독(毒)', '독액(毒液)'의 뜻이고, 한역으로는 '독', '독약(毒藥)', '악독(惡毒)', '독해(毒害)'이다. bhaya는 중성 명사로서 '공포', '염려', '위험', '위난(危難)'의 뜻이다.

176. 舍薩多囉婆夜

샤사다라바야

śastra · bhaya

무기의 재앙,

śastra는 중성 명사로서 '소도(小刀)', '단검(短劍)', '무기(武器)'의 뜻이며, 한역으로는 '도(刀)', '도검(刀劍)', '도병(刀兵)', '장(杖)', '병기(兵器)', '병과(兵戈)'이다. bhaya는 중성 명사로서 '공포', '염려', '위험', '위난(危難)'의 뜻이다.

177. 波囉斫羯囉婆夜

파라작가라바야

para · cakra · bhaya

적병의 재앙,

para는 형용사로서 탈격을 취하고 〔장소에 관하여〕 '멀리 떨어진', '원격의', 〔시간에 관하여〕 '과거의', '이전의', '이후의', 〔범위에 관하여〕 '다른', '외지(外地)의', '미지의', '적대적(敵對的)인', '다른'의 뜻이며, 한역으로는 '타인(他人)', '반대자(反對者)', '적(敵)', '원수(怨讐)', '적대자(絶對者)'이다. cakra는 중성 명사로서 '차륜(車輪)', '원반', '다수', '대세', '군대', '지배'이다. bhaya는 중성 명사로서 '공포', '염려', '위험', '위난'의 뜻이다.

178. 突嚛叉婆夜

돌릴차바야

dur · bhiksha · bhaya

기아 같은 재앙,

dur는 여성 명사로서 '호(戶)'의 뜻이다. bhikshā(사전에는

bhikṣā)는 여성 명사로서 '구걸(求乞)', '간원(懇願)', '걸식(乞食)', '시물(施物)'의 뜻이다. bhaya는 중성 명사로서 '공포', '염려', '위험', '위난'의 뜻이다.

179. 阿舍你婆夜
아샤니바야
aśani · bhaya
벼락 같은 재앙,

aśani는 여성 명사, 또는 남성 명사로서 '전광(電光)'의 뜻이며, 한역으로는 '전(電)', '뇌전(雷電)', '벽력(霹靂)', '뇌전벽력(雷電霹靂)'이다. bhaya는 중성 명사로서 '공포', '염려', '위험', '위난'의 뜻이다.

180. 阿迦囉沒㗚駐婆夜
아가라미릴쥬바야
akāla · mritya · bhaya
때 아닌 횡사 같은 재앙,

akāla는 남성 명사로서 '법외(法外)의 때', '시외(時外)', '밤'의 의미이며, 한역으로는 '비시(非時)', '비의시(非依時)', '비위시(非爲時)'이다. mritya에 대하여는 mrityati가 타동사로서 사전에 보이는데 이는 '붕괴하다', '분해하다'의 뜻이다. bhaya는 중성 명사로서 '공포', '염려', '위험', '위난(危難)'의 뜻이다.

181. 阿陀囉尼部彌劒波

아다라미부미검바

dhāranī · bhūmikaṃ[64] · bhaya

지운(地運)[65] 같은 재앙,

dhāranī는 여성 명사로서 '〔대승불교에서 법(法)을 마음에 새기고 망각하지 않는 능력 또는 수행자를 수호하는 능력 등이 있는 장구(章句)를 말한다. 특히 후세주문적 성격의 장구를 말한다〕'로 풀이되어 있다. 한역으로는 '총(總)', '총지(總持)'이고, 음사로는 '다라니(陀羅尼)'이다.[66] -bhūmika는 형용사로서 '땅의'의 뜻이고, bhūmikā는 여성 명사로서 '대지', '지면', '토지', '장소', '정도(程度)', '(배우가) 역할 또는 연출하는 인물', '(코끼리의) 장식(裝飾)' 등의 뜻이 있다. 이때 -bhūmikam은 형용사 -bhūmika가 중성 명사 bhaya를 꾸미기 위하여 중성의 대격을 취한 형태이다. 대격형이 속격의 의미를 갖는 것에 대하여는 파니니 문법 2.3.54 조항을 참조할 수 있다. bhaya는 중성 명사로서 '공포', '염려', '위험', '위난'의 뜻이다.

182. 伽婆哆婆夜

가파다바야

kāpāta · bhaya[67]

64) bhūmikaṃ은 중국본에는 bhūmikaṃpa로 되어 있고 그 뒤에 kāpāta가 연결된 뒤에 bhaya가 따른다. kāpāta는 사전에는 보이지 않는다.

65) 地運은 地震을 말한다.

66) dhāranī는 사전에는 dhāraṇī로 되어 있다.

떨어지는 재앙,

kāpāta는 사전에서 확인이 되지 않는다. pāta는 남성 명사로서 '비상(飛翔)', '몸을 던짐'(처격), '떨어짐'(처격)의 뜻이며, 한역으로는 '운(隕)', '퇴(退)', '붕(崩)', '도(倒)', '추(墜)', '락(落)', '추락(墜落)'이다. bhaya는 중성 명사로서 '공포', '염려', '위험', '위난(危難)'의 뜻이다.

183. 烏囉囉迦波多婆夜
오라라가파다바야
ulkā · pātā · bhaya
유성 추락 같은 재앙,

ulkā는 여성 명사로서 '유성(流星)', '거화(炬火)'의 뜻이며, 한역으로는 '성(星)', '유성(流星)', '거(炬)', '등(燈)', '등거(燈炬)', '조(照)'이다. pāta는 남성 명사로서 '비상(飛翔)', '몸을 던짐'(처격), '떨어짐'(처격)의 뜻이며, 한역으로는 '운(隕)', '퇴(退)', '붕(崩)', '도(倒)', '추(墜)', '락(落)', '추락(墜落)'이다. bhaya는 중성 명사로서 '공포', '염려', '위험', '위난'의 뜻이다.

184. 囉闍彈茶婆夜
라사단다바야
rājā · daṇḍa · bhaya

---

67) 중국본에는 182가 없다.

왕(王)의 형벌난,

rāja의 형태로는 사전에 보이지 않는다. rāj는 남성 명사로서 '지배자', '왕(王)'의 뜻이다. daṇḍa는 남성 명사 또는 중성 명사로서 '봉(棒)', '장(杖)', '태(笞)', '곤봉(棍棒)', '무력(武力)', '군대(軍隊)', '형편(刑鞭)', '형벌(刑罰)', '체형(體刑)', '벌금'의 뜻이며, 한역으로는 '장(杖)', '병(柄)', '곤(棍)', '무기(器杖)'이다. bhaya는 중성 명사로서 '공포', '염려', '위험', '위난'의 뜻이다. rāja에 대한 내용은 171 참조.

185. 那伽婆夜

나가바야

nāgā · bhaya

뱀의 재앙,

nāga는 남성 명사로서 '사(蛇)', '용(龍)', '특히 지옥의 Bhogaratī 라는 이름이 붙은 성읍에 사는 인면사신(人面蛇身)의 전설적인 반신족(半神族)의 이름'의 뜻이며, 형용사로는 '뱀의 모습을 한', '뱀과 닮은'의 뜻이다. bhaya는 중성 명사로서 '공포', '염려', '위험', '위난'의 뜻이다.

186. 微地揄婆夜

비디유바야

vidyud · bhaya

뇌전(雷電)의 재앙,

vidyud는 vidtut와 같은 말로서 형용사로는 '섬광(閃光)을 발하는'의 뜻이고, 여성 명사로서는 '번쩍이는 무기', '전광(電光)의' 뜻이며, 한역으로는 '전(電)', '뇌광(雷光)', '뇌염(雷焰)', '섬전(閃電)'이다. bhaya는 중성 명사로서 '공포', '염려', '위험', '위난'의 뜻이다.

187. 蘇跋㗚尼婆夜
소파릴니바야
suparṇi · bhaya
독수리 형귀(形鬼)의 재앙,

suparṇi의 형태로는 사전에 보이지 않는다. suparṇa는 형용사로서 '아름다운 날개가 있는'의 뜻이고, 남성 명사로서는 '대맹금(大猛禽)', '독수리'의 뜻이며, 중성 명사로는 '아름다운 잎'의 뜻이다. bhaya는 중성 명사로서 '공포', '염려', '위험', '위난'의 뜻이다.

188. 藥叉揭囉訶
야차게라하
yaksha · grahā
야차귀(夜叉鬼)의 재앙,

yaksha는 중성 명사로서 '나타남', '형태', '초자연적 존재', '요괴'의 의미이고, 남성 명사로서 'Kubera 신의 종자', '반신(半神)의 한

종류(一類)의 이름'의 뜻이며, 한역으로는 '신(神)', '귀신(鬼神)'이고, 음사로는 '야차(夜叉)'이다. graha는 형용사로서 '잡는', '얻는', '지각(知覺)하는'의 의미이며, 남성 명사로는 '포착자(捕捉者)', '유성(流星)', '병마(病魔)', '강도(强盜)', '절도(竊盜)'의 뜻이고, 한역으로는 '별', '악성(惡星)'이다.

189. 羅刹娑揭囉訶
라차사게라하
rāksha · grahā
나찰귀(羅刹鬼)의 재앙,

rāksha는 사전에 보이지 않고 rākṣasa가 사전에 나와 있다. 이는 형용사로서 '악마에 속하는', '악마에 특유한', '악마의'의 뜻이며, 남성 명사로는 '밤의 악마', '악마'의 뜻이고, 한역으로는 '악귀(惡鬼)', '매(魅)'이고, 음사로는 '나찰(羅刹)', '나찰사(羅刹娑)'이다. graha는 형용사로서 '잡는', '얻는', '지각(知覺)하는'의 의미이며, 남성 명사로는 '포착자(捕捉者)', '유성(流星)', '병마(病魔)', '강도(强盜)', '절도(竊盜)'의 뜻이고, 한역으로는 '별', '악성(惡星)'이다.

190. 畢唎哆揭囉訶
피리다게라하
preta · grahā
아귀(餓鬼)의 재앙,

preta는 과거수동분사로서 '전방(前方)으로 간', '죽은'의 의미이고, 남성 명사로는 '사인(死人)', '사체(死體)', '망령(亡靈)'(특히 正規의 葬禮 完了 이전의), '악령(惡靈)'의 뜻이며, 한역으로는 '영(靈)', '조부(祖父)', '조부귀(祖父鬼)'이다. graha는 형용사로서 '잡는', '얻는', '지각(知覺)하는'의 의미이며, 남성 명사로는 '포착자(捕捉者)', '유성(流星)', '병마(病魔)', '강도(强盜)', '절도(竊盜)'의 뜻이고, 한역으로는 '별', '악성(惡星)'이다.

191. 毘舍遮揭囉訶
비사자게라하
piśāca · grahā
시육귀(屍肉鬼)의 재앙,

piśāca는 남성 명사로서 '시육(屍肉)을 먹는 것을 특징으로 하는 악귀(惡鬼)의 일종', '악마(惡魔)'의 뜻이며, 한역으로는 '귀(鬼)', '신귀(神鬼)', '귀신(鬼神)', '귀매(鬼魅)', '식육(食肉)', '식혈육귀(食血肉鬼)'이다. graha는 형용사로서 '잡는', '얻는', '지각(知覺)하는'의 의미이며, 남성 명사로는 '포착자(捕捉者)', '유성(流星)', '병마(病魔)', '강도(强盜)', '절도(竊盜)'의 뜻이고, 한역으로는 '별', '악성(惡星)'이다.

192. 部多揭囉訶
부다게라하
bhūta · grahā

정령귀(精靈鬼)의 재앙,

bhūta는 남성 명사, 중성 명사로서 '신(神), 인(人), 동물(動物), 식물(植物)을 포함하는 존재물', '피창조물', '세계'의 뜻이며, 중성 명사로는 '괴물(怪物)', '정령(精靈)', '유령(幽靈)', '귀류(鬼類)'의 뜻이다. graha는 형용사로서 '잡는', '얻는', '지각(知覺)하는'의 의미이며, 남성 명사로는 '포착자(捕捉者)', '유성(流星)', '병마(病魔)', '강도(强盜)', '절도(竊盜)'의 뜻이고, 한역으로는 '별', '악성(惡星)'이다.

193. 鳩槃荼揭囉訶

구반다게라하

kumbhānda · grahā

수궁부녀귀(守宮婦女鬼)의 재앙,

kumbhānda(사전에는 kumbhāṇḍa)는 남성 명사로서 '(瓶 모양의 陰囊이 있는) 악귀', 'Asura Bāṇa의 대신(大臣)의 이름'의 뜻이며, 한역으로는 '병(甁)', '병란(甁卵)', '란복(卵腹)', '음낭(陰囊)'의 뜻이다. graha는 형용사로서 '잡는', '얻는', '지각(知覺)하는'의 의미이며, 남성 명사로는 '포착자(捕捉者)', '유성(流星)', '병마(病魔)', '강도(强盜)', '절도(竊盜)'의 뜻이고, 한역으로는 '별', '악성(惡星)'이다.

194. 布單那揭囉訶

부단나게라하

pūtanā · grahā

후귀[68]의 재앙,

pūtanā는 여성 명사로서 '일종의 소아병(小兒病)을 일으키는 Kṛṣṇa 神에게 죽은 여악귀(女惡鬼)의 이름'이다. graha는 형용사로서 '잡는', '얻는', '지각(知覺)하는'의 의미이며, 남성 명사로는 '포착자(捕捉者)', '유성(流星)', '병마(病魔)', '강도(强盜)', '절도(竊盜)'의 뜻이고, 한역으로는 '별', '악성(惡星)'이다.

195. 羯吒布單那揭囉訶
가타부단나게라하
kaṭapūtanā · grahā
기후귀[69]의 재앙,

kaṭapūtana는 남성 명사로서 '악귀의 일종'이다. 한역으로는 '극후귀(極臭鬼)', '단후귀(短臭鬼)'이다. graha는 형용사로서 '잡는', '얻는', '지각(知覺)하는'의 의미이며, 남성 명사로는 '포착자(捕捉者)', '유성(流星)', '병마(病魔)', '강도(强盜)', '절도(竊盜)'의 뜻이고, 한역으로는 '별', '악성(惡星)'이다.

196. 塞揵陀揭囉訶
새건다게라하
skanda · grahā

---

68) 중국본에는 이 부분이 臭鬼魔로 해석되어 있다.
69) 중국본에는 이 부분이 奇臭鬼로 해석되어 있다.

소아병마(小兒病魔)의 재앙,

skanda는 남성 명사로서 '뛰는 것', '유출(流出)', '적하(滴下)', '파괴(破壞)', '공격자(攻擊者)', '어린이 병마(病魔)의 수령(首領)'의 뜻이다. graha는 형용사로서 '잡는', '얻는', '지각(知覺)하는'의 의미이며, 남성 명사로는 '포착자(捕捉者)', '유성(流星)', '병마(病魔)', '강도(强盜)', '절도(竊盜)'의 뜻이고, 한역으로는 '별', '악성(惡星)'이다.

197. 阿婆娑摩囉揭囉訶

아파사마라게라하

apasmarā · grahā

양두귀(羊頭鬼)의[70] 재앙,

apasmāra는 남성 명사로서 '의식(意識)의 상실', '빙의(憑依)', '전현(顚眩)', '전질(顚疾)', '전광병(顚狂病)'의 뜻이 있다. graha는 형용사로서 '잡는', '얻는', '지각(知覺)하는'의 의미이며, 남성 명사로는 '포착자(捕捉者)', '유성(流星)', '병마(病魔)', '강도(强盜)', '절도(竊盜)'의 뜻이고, 한역으로는 '별', '악성(惡星)'이다.

198. 烏檀摩陀揭囉訶

오단마다게라하

unmāda · grahā

광병마(狂病魔)의 재앙,

---

70) 중국본에서도 동일한 해석을 보이고 있으나 검토가 필요하다.

unmāda는 남성 명사로서 '광기', '광포', '도취', '격정'의 뜻이며, 한역으로는 '전(顚)', '광병(狂病)', '미혹(迷惑)'의 뜻이고, 형용사로는 '발광(發狂)하는', '광기의'의 뜻이다. graha는 형용사로서 '잡는', '얻는', '지각(知覺)하는'의 의미이며, 남성 명사로는 '포착자(捕捉者)', '유성(流星)', '병마(病魔)', '강도(强盜)', '절도(竊盜)'의 뜻이고, 한역으로는 '별', '악성(惡星)'이다.

199. 車耶揭囉訶
    챠야게라하
    chāyā · grahā
    영귀(影鬼)의 재앙,

chāyā는 여성 명사로서 '음(陰)', '영(影)', '상(像)', '반사(反射)', '광휘(光輝)', '색(色)', '미(美)', '우미(優美)'의 뜻이며, 한역으로는 '음(陰)', '영(影)', '영량(影量)'이다. graha는 형용사로서 '잡는', '얻는', '지각(知覺)하는'의 의미이며, 남성 명사로는 '포착자(捕捉者)', '유성(流星)', '병마(病魔)', '강도(强盜)', '절도(竊盜)'의 뜻이고, 한역으로는 '별', '악성(惡星)'이다.

200. 黎婆底揭囉訶
    려바디게라하
    revatī · grahā//
    여매(女魅)의 재앙,

revatī는 여성 복수 명사로서 '빈우(牝牛)', 단수 또는 복수로서 '월수(月宿)의 이름'의 의미이고, 한역으로는 '28수(宿)의 하나', '유관(流灌)'의 뜻이다. revatī-graha는 남성 명사로서 한역으로는 '여매(女魅)', '복행매(腹行魅)'이다.

201. 闍底訶哩泥
사디하리니
jat'āhāriṇyo[71)]
생아(生兒)를 먹는 귀신,

jit'의 원형은 jata이다. jita와 āhāriṇyo 모두 사전에서 확인이 되지 않는다. 참고로 말하면 āhārthin은 형용사로서 '식물(食物)을 구(求)하는'의 뜻이고 한역으로는 '구식(求食)'이다. 문맥으로 보아 āhāriṇyo는 '귀신'이다.

202. 羯囉婆訶哩埿
게라바하리니
garbh'āhāriṇyo
태아(胎兒)를 먹는 귀신,

garbha는 남성 명사로서 '자궁(子宮)', '내부', '태아(胎兒)', '영아(嬰兒)', '소아(小兒)', '자손', '수태(受胎)', '아(芽)'의 뜻이며, 한역으로는 '태(胎)', '태장(胎藏)', '포태(胞胎)'이다. 문맥으로 보아

---

71) 淸光寺本에는 jāt'āhāriṇyā가 '食初生產兒鬼'로 풀이되어 있다.

āhāriṇyo는 '귀신'이다.

203. 嚧地囉訶哩泥
로디라하리니
rudhir'āhāriṇyo
피를 먹는 귀신,

rudhira는 형용사로서는 '붉은', '피투성이의'의 뜻이며, 남성 명사로서는 '화성(火星)', 중성 명사로서는 '피'(血)이다. 한역 역시 '피'이다. 문맥으로 보아 āhāriṇyo는 '귀신'이다.

204. 芒娑訶哩泥
망사하리니
maṃs'āhāriṇyo
살을 먹는 귀신,

maṃ'의 원형인 maṃsa는 māṃsa의 잘못이다. māṃsa는 남성 명사로서 '살', '수육(獸肉)'〔또는 물고기, 게(蟹) 및 果實의〕, '동물질(動物質)의 식물(食物)'의 뜻이며 한역으로는 '육(肉)', '신육(身肉)', '피육(皮肉)', '육재(肉滓)'이다. 문맥으로 보아 āhāriṇyo는 '귀신'이다.

205. 計陁訶哩泥
게다하리니

med'āhāriṇyo
식지귀(食脂鬼),

meda는 남성 명사로서 '지방(脂肪)'이다. 한역으로는 '지(脂)'이다. 문맥으로 보아 āhāriṇyo는 '귀신'이다.

206. 摩闍訶哩泥
마사하리니
majj'āhāriṇyo[72)]
골수를 먹는 귀신,

majj'의 원형인 majja는 사전에 보이지 않고 majjan이 보이는데 이는 남성 명사로서 '수(髓)', '(초목의) 수(髓)', '머리의 비듬'의 뜻이 있고 한역으로는 '수(髓)', '골수(骨髓)'이다. 문맥으로 보아 āhāriṇyo는 '귀신'이다.

207. 闍多訶哩泥
사다하리니
ojohāriṇyo
정기(精氣)를 빨아먹는 귀신,

ojo의 원형인 ojas는 중성 명사로서 '힘', '능력', '권세', '위세'의 뜻이며 한역으로는 '위(威)', '정(精)', '정기(精氣)', '기력', '신(神)',

72) 중국본에는 majj'āhāriṇya로 되어 있다.

'신색(神色)', '광휘', '광색(光色)', '정광(精光)', '묘덕(妙德)'이다. 문맥으로 보아 āhāriṇyo는 '귀신'이다.

208. 視吠哆訶哩泥

시베다하리니

jivit'āhāriṇyo

목숨을 잡아먹는 귀신,

jivit'의 원형인 jivita는 과거수동분사로서 '살아 있는'의 뜻이며, 중성 명사로서는 '생물', '생명', '생활 기간', '생계', '존속의 방법'의 뜻이며 한역으로는 '명(命)', '생명', '활명', '신명(身命)', '유명(有命)', '생활', '수(壽)'이다. 문맥으로 보아 āhāriṇyo는 '귀신'이다.

209. 婆多訶哩泥

바다하리니

vāt'āhāriṇyo

호흡을 먹는 귀신,

vāt'의 원형인 vāta는 남성 명사로서 '바람', '신풍(神風)', '공기', '바람으로 말미암은 병기(病氣)'의 뜻이며 한역으로는 '바람', '미풍(微風)'이다. 문맥으로 보아 āhāriṇyo는 '귀신'이다.

210. 皤多訶哩喃阿輸遮訶哩泥

바다하리남아슈차하리니

vat'āhāriṇāṃ aśucy · āhārinyaś
토물(吐物)을 먹는 귀신, 부정물(不淨物)을 먹는 귀신,

vat' 또는 vata는 사전에 보이지 않는다. 문맥으로 보아 āhāriṇam, āhārinyaś는 '귀신'이다. 참고로 말하면 āhārarthin은 형용사로서 '식물(食物)을 구하는'의 뜻이고 한역으로는 '구식(求食)'이다. aśucy(사전에는 aśuci)는 형용사로서는 '불순(不純)한', 한역으로는 '예(濊)', '부정(不淨)', '불청정(不淸淨)'이고 여성 명사로서는 '부정(不淨)'으로 한역된다. 참고로 말하면 aśucitva는 여성 명사로서 '불순(不純)'으로 한역된다.

211. 質多訶哩泥
진다하리니
cittāhāriṇyas
마음을 먹는 귀신,

citt'는 citta가 원형인데 이는 중성 명사로서 '주의', '사고(思考)', '사상', '목적', '의지', '정신', '마음', '지성', '이성'의 뜻이며 한역으로는 '식(識)', '심(心)', '의(意)', '심의(心意)', '사(思)', '사의(思議)'이다. 문맥으로 보아 āhārinyaś는 '귀신(鬼神)'이다.

212. 帝衫薩毘衫
뎨삼살비삼
teshāṃ · sarveshāṃ

이와 같은 일체의

teshāṃ이 아닌 teṣām은 지시 대명사 tad(that, it, he, she)의 중성, 남성 복수 속격형이다. tad의 활용형에 대하여는 231을 참조할 수 있다. sarveshāṃ에서 sarva는 형용사로서 '모든', '전체의', '일체의', '각각의' 등의 뜻을 지니고, 한역으로는 '일체', '개(皆)'의 의미이며, 음사로는 '살리전(薩哩囀)'이 된다. 남성 단수 명사로는 '각인(各人)', 복수로서는 '전원(全員)'의 뜻을 가진다. 또, 중성 단수 명사로서는 '만사(萬事)'의 뜻이 있다. 3 참조. 참고로 sarveśvara는 남성 명사로서 '일체 만유(萬有)의 주'의 뜻이다.

213. 薩嚩揭囉訶喃
살바게라하남
sarva grāhānaṃ
재앙을 일으키는 귀신들의

sarva는 형용사로서 '모든', '전체의', '일체의', '각각의' 등의 뜻을 지니고, 한역으로는 '일체', '개(皆)'의 의미이며, 음사로는 '살리전(薩哩囀)'이 된다. 남성 단수 명사로는 '각인(各人)', 복수로서는 '전원(全員)'의 뜻을 가진다. 또, 중성 단수 명사로서는 '만사(萬事)'의 뜻이 있다. 3 참조. 79에서 보는 것처럼 graha는 남성 명사로서 '병마', '소마', '강도', '절도' 등의 의미가 있으며 한역으로는 '악성(惡星)', '귀매(鬼魅)'이다. grahānāṃ은 graha의 복수 속격형이다.

214. 毘地也

비디야

vidyāṃ

주문을

vidyā는 여성 명사로서 '지식', '학문', '학술', '주법(呪法)', '주술(呪術)', '주문(呪文)', '명주(明呪)'(불교에서)의 뜻이며 한역으로는 '혜(慧)', '해(解)', '식(識)', '명료(明了)', '명(明)', '술(術)', '명술(明術)'이다. vidyāṃ은 여성 명사 vidyā의 대격형이다. 이에 대하여는 37 참조.

215. 嗔陁夜彌

친다야미

chindayāmi!

나는 절단하노라!

'절단'과 관련되는 의미로는 어근 CHid에 대하여 chinatti, chinatte의 두 가지 동사 어간 형태가 있다. chindayāmi의 형태로 사전에 나타나지는 않는다. 어근 CHid는 '끊다', '자르다', '물어 끊다', '구멍내다', '가르다', '부수다', '파괴하다', '철거하다' 등의 뜻이 있으며 한역으로는 '단(斷)', '단제(斷除)', '할(割)', '할제(割除)', '전(剪)', '절거(切去)', '단절(斷絶)'이다. -mi는 1인칭 단수 직설법 현재 Parasmaipada(爲他言) 태(態)의 어미이다. 참고로 제1차 어미(직설법 현재, 미래), 제2차 어미(직설법 과거, 아오리스트, 원망법,

기원법, 조건법) 및 명령법 어미를 보면 다음과 같다.

(10) 동사의 인칭 어미

		제1차 어미		제2차 어미	
		P.	A.	P.	A.
Sg.	I	*mi*	e	m(am)	i
	II	si	se	s	thās
	III	ti	te	t	ta
Du.	I	vas	vahe	va	vahi
	II	thas (āthe)	ethe	tam	etyām (āthām)
	III	tas	ete(āte)	tām	etām(ātām)
Pl.	I	mas	mahe	ma	mahi
	II	tha	dheve	ta	dhvam
	III	nti(anti)	nte(ate)	n(an, ur)	nta(ata)

		명령법	
		P.	A.
Sg.	I	āni	ai
	II	-(dhi, hi)	sva
	III	tu	tām
Du.	I	āva	āvahai
	II	tam	ethām(āthām)
	III	tām	etām(ātām)
Pl.	I	āma	āmahai
	II	ta	dhvam
	III	ntu(antu)	ntām(atām)

216. 枳囉夜彌

기라야미

kilayāmi!

묶어 놓노라.

kilayāmi의 형태로는 사전에 보이지 않는다. kila(사전에는 kīla)는 '나무못', '유침(留針)'의 뜻이며 한역으로는 '정(釘)'이다. -mi는 1인칭 단수 직설법 현재 Parasmaipada(爲他言) 태(態)의 어미이다. 215 참조.

217. 波哩跋囉斫迦囉

파리바라작가라

pariv · rājaka

외도(外道)들이

parivrājaka는 남성 명사로서 '유행자(遊行者)〔종교 생활 제4기, 즉 최후의 단계에 있는 자〕'의 뜻이다. 한역으로는 '보행(普行)', '출가외도(出家外道)', '범지(梵志)'이다.

218. 訖哩擔微地也

그리담비디야

kritāṃ vidyāṃ[73)]

행한 주문을

73) 중국본에는 bidyāṃ으로 잘못되어 있다.

kritāṃ은 어근 Kṛ와 관련이 있다. Kṛ는 '짓다', '하다', '형성하다', '구성하다', '실행하다', '이행하다', '시행하다', '성취하다' 등의 뜻이 있다. vidyā는 여성 명사로서 '지식', '학문', '학술', '주법(呪法)', '주술(呪術)', '주문(呪文)', '명주(明呪)'(불교에서)의 뜻이며 한역으로는 '혜(慧)', '해(解)', '식(識)', '명료(明了)', '명(明)', '술(術)', '명술(明術)'이다. vidyāṃ은 여성 명사 vidyā의 대격형이다. 이에 대하여는 37 참조.

219. 嗔陁夜彌

친다야미

chindayāmi!

나는 절단하노라!

'절단'과 관련되는 의미로는 어근 CHid에 대하여 chinatti, chinatte의 두 가지 동사 어간 형태가 있다. chindayāmi의 형태로 사전에 나타나지는 않는다. 어근 CHid는 '끊다', '자르다', '물어 끊다', '구멍내다', '가르다', '부수다', '파괴하다', '철거하다' 등의 뜻이 있으며 한역으로는 '단(斷)', '단제(斷除)', '할(割)', '할제(割除)', '전(剪)', '절거(切去)', '단절(斷絶)'이다. -mi는 1인칭 단수 직설법 현재 Parasmaipada(爲他言) 태의 어미이다. 215와 같음.

220. 枳囉夜彌

기라야미

kilayāmi!

묶어 놓노라.

kilayāmi의 형태로는 사전에 보이지 않는다. kila(사전에는 kīla)는 '나무못', '유침(留針)'의 뜻이며 한역으로는 '정(釘)'이다. -mi는 1인칭 단수 직설법 현재 Parasmaipada(爲他言) 태의 어미이다. 216과 같음.

221. 荼枳尼
다기니
Ḍākinī
다키니 여신이

Ḍākinī는 사전에 여성 명사로서 '(Kālī의 從者 가운데에서) 인육(人肉)을 먹는 귀녀(鬼女)의 일종'으로 나와 있다. 음사로는 '다가녀(荼加女)'이다.

222. 訖哩擔微地也
그리담비디야
kritāṃ vidyāṃ
행한 주문을

kritāṃ은 어근 Kṛ와 관련이 있다. Kṛ는 '짓다', '하다', '형성하다', '구성하다', '실행하다', '이행하다', '시행하다', '성취하다' 등의 뜻이 있다. vidyā는 여성 명사로서 '지식', '학문', '학술', '주법(呪

法)', '주술(呪術)', '주문(呪文)', '명주(明呪)'(불교에서)의 뜻이며 한역으로는 '혜(慧)', '해(解)', '식(識)', '명료(明了)', '명(明)', '술(術)', '명술(明術)'이다. vidyāṃ은 여성 명사 vidyā의 대격형이다. 이에 대하여는 37 참조. 218과 같음.

223. 嗔陁夜彌枳囉夜彌

친다야미기라야미

chindayāmi kilayāmi!

나는 절단하노라! 묶어 놓노라!

'절단'과 관련되는 의미로는 어근 CHid에 대하여 chinatti, chinatte의 두 가지 동사 어간 형태가 있다. chindayāmi의 형태로 사전에 나타나지는 않는다. 어근 CHid는 '끊다', '자르다', '물어 끊다', '구멍내다', '가르다', '부수다', '파괴하다', '철거하다' 등의 뜻이 있으며 한역으로는 '단(斷)', '단제(斷除)', '할(割)', '할제(割除)', '전(剪)', '절거(切去)', '단절(斷絶)'이다. kilayāmi의 형태로는 사전에 보이지 않는다. 다만 kila가 아닌 kīla는 '나무못', '유침(留針)'의 뜻이며 한역으로는 '정(釘)'이다. -mi는 1인칭 단수 직설법 현재 Parasmaipada(爲他言) 태(態)의 어미이다. 215와 216이 합쳐진 형태이다.

224. 摩訶鉢輸鉢底夜

마하바슈바디야

Mahā · paśupati

대수주(大獸主)

mahā는 형용사로서 '큰', '거대한'의 뜻이고, 한역으로는 '대(大)', '광대(廣大)', '거(巨)'이다. 93 참조. paśupati에서 paśu는 남성 명사로서 '가축(家畜)〔mṛga(야생)에 대하여 소, 말, 양 등을 총칭한다〕'의 뜻이며 paśu-pati는 남성 명사로서 '수주(獸主)〔Śiva 神의 稱〕'이다. 한역은 '수주(獸主)', '축주(畜主)'이다.

225. 嚕陁囉

로다라

Rudra

루드라 신(神)이

rudra는 형용사로서는 '무서운', '공포의'의 뜻이다. 남성 명사로서는 '폭풍의 신〔Marut 신의 장(長), Rudra 신은 범서(梵書)에 있어서는 때로는 Agni 신의 한 형태로 보았으나 후에는 Śiva 신과 동일시한다. 복수로서는 Rudra 신의 자식들, 즉 11 또는 33을 헤아리는 Marut 신을 가리킨다.〕'이다.

226. 訖哩躭微地也

그리담비디야

kritāṃ vidyāṃ

행한 주문을

kritāṃ은 어근 Kṛ와 관련이 있다. Kṛ는 '짓다', '하다', '형성하다', '구성하다', '실행하다', '이행하다', '시행하다', '성취하다' 등의 뜻이 있다. vidyā는 여성 명사로서 '지식', '학문', '학술', '주법(呪法)', '주술(呪術)', '주문(呪文)', '명주(明呪)'(불교에서)의 뜻이며 한역으로는 '혜(慧)', '해(解)', '식(識)', '명료(明了)', '명(明)', '술(術)', '명술(明術)'이다. vidyāṃ은 여성 명사 vidyā의 대격형이다. 이에 대하여는 37 참조. 218과 같음.

227. 嗔陁夜彌枳囉夜彌

친다야미기라야미

chindayāmi kilayāmi!

나는 절단하노라! 묶어 놓노라!

'절단'과 관련되는 의미로는 어근 CHid에 대하여 chinatti, chinatte의 두 가지 동사 어간 형태가 있다. chindayāmi의 형태로 사전에 나타나지는 않는다. 어근 CHid는 '끊다', '자르다', '물어 끊다', '구멍내다', '가르다', '부수다', '파괴하다', '철거하다' 등의 뜻이 있으며 한역으로는 '단(斷)', '단제(斷除)', '할(割)', '할제(割除)', '전(剪)', '절거(切去)', '단절(斷絕)'이다. kilayāmi의 형태로는 사전에 보이지 않는다. 다만 kila가 아닌 kīla는 '나무못', '유침(留針)'의 뜻이며 한역으로는 '정(釘)'이다. -mi는 1인칭 단수 직설법 현재 Parasmaipada(爲他言) 태의 어미이다. 223과 같음.

228. 那囉耶拏耶

나라야나야

Nārāyaṇa

나라야나 신(神)이

nārāyaṇa는 남성 명사로서 '원인(原人; Nara)으로부터의 부계(父系)', 'Brahma 신 또는 Viṣṇu 신과 Kṛṣṇa 신과 동일시함, Viṣṇu 신의 권화(權化)로서의 Nārāyaṇa=Kṛṣṇa'이다. 남성 복수 명사로서는 'Kṛṣṇa 신의 전사(戰士)'의 뜻이며 형용사로서는 'Nārāyaṇa에 관한 또는 속하는', 'Viṣṇu 신과 Kṛṣṇa 신에 관한'의 뜻이다. 여성 명사형 nārāyaṇī는 'Durga 신의 칭(稱)'이다.

229. 訖哩躭微地也

그리담비디야

kritāṃ vidyāṃ

행한 주문을

kritāṃ은 어근 Kṛ와 관련이 있다. Kṛ는 '짓다', '하다', '형성하다', '구성하다', '실행하다', '이행하다', '시행하다', '성취하다' 등의 뜻이 있다. vidyā는 여성 명사로서 '지식', '학문', '학술', '주법(呪法)', '주술(呪術)', '주문(呪文)', '명주(明呪)'(불교에서)의 뜻이며 한역으로는 '혜(慧)', '해(解)', '식(識)', '명료(明了)', '명(明)', '술(術)', '명술(明術)'이다. vidyāṃ은 여성 명사 vidyā의 대격형이다. 이에 대하여는 37 참조. 218과 같음.

230. 嗔陁夜彌枳囉夜彌

친다야미기라야미

chindayāmi kilayāmi!

나는 절단하노라! 묶어 놓노라!

'절단'과 관련되는 의미로는 어근 CHid에 대하여 chinatti, chinatte의 두 가지 동사 어간 형태가 있다. chindayāmi의 형태로 사전에 나타나지는 않는다. 어근 CHid는 '끊다', '자르다', '물어 끊다', '구멍내다', '가르다', '부수다', '파괴하다', '철거하다' 등의 뜻이 있으며 한역으로는 '단(斷)', '단제(斷除)', '할(割)', '할제(割除)', '전(剪)', '절거(切去)', '단절(斷絶)'이다. kilayāmi의 형태로는 사전에 보이지 않는다. kila(사전에는 kīla)는 '나무못', '유침(留針)'의 뜻이며 한역으로는 '정(釘)'이다. -mi는 1인칭 단수 직설법 현재 Parasmaipada(爲他言) 태의 어미이다. 223과 같음.

231. 怛怛囀伽嚕茶

다타바가로다

Tat vā garuḍa

저 가루다 새(및 그 권속들)가

tat는 대명사 tad(그, 그녀, 그것)의 중성 단수 주격형, 대격형이다. vā는 불변사로서 '임의로', '~와 같이', '~처럼'의 뜻이며 한역으로는 '혹(或)', '약(若)', '급(及)'이다. garuḍa는 남성 명사로서 '전설상의 새의 이름〔Vinatā의 아들로서 Aruṇa의 형이라고 일컬어지며, 한편 새의 왕으로서 Viṣṇu 신 또는 Kṛṣṇa 신의 승물(乘物)로 전해 온다]'이다. 참고로 지시 대명사 tad의 활용형을 보면 다음과 같다.

(11) tad- '그것, 그, (그녀)'(3인칭)

	sg.			pl.		
	m.	n.	f.	m.	n.	f.
N.	saḥ	*tat*	sā	te	tāni	tāḥ
Ac.	tam	*tat*	tām	tān	tāni	tāḥ
Ins.	tena		tayā	taiḥ		tāḥ
D.	tasmai		tasyai	tebhyaḥ		tābhyaḥ
Ab.	tasmāt		tasyāḥ	tebhyaḥ		tābhyaḥ
G.	tasya		tasyāḥ	teṣām		tāsām
L.	tasmin		tasyām	teṣu		tāsu

		m.	n.	f.
Du.	N. Ac.	tau		te
	Ins. D. Ab.		tābhyām	
	G. L.		tayoḥ	

232. 訖哩躭微地也

그리담비디야

kritāṃ vidyāṃ

행한 주문을

kritāṃ은 어근 Kṛ와 관련이 있다. Kṛ는 '짓다', '하다', '형성하다', '구성하다', '실행하다', '이행하다', '시행하다', '성취하다' 등의 뜻이 있다. vidyā는 여성 명사로서 '지식', '학문', '학술', '주법(呪法)', '주술(呪術)', '주문(呪文)', '명주(明呪)'(불교에서)의 뜻이며 한역으로는 '혜(慧)', '해(解)', '식(識)', '명료(明了)', '명(明)', '술(術)', '명술(明術)'이다. vidyāṃ은 여성 명사 vidyā의 대격형이다. 이에 대하여는 37 참조. 218과 같음.

233. 嗔陁夜彌枳囉夜彌

친다야미기라야미

chindayāmi kilayāmi!

나는 절단하노라! 묶어 놓노라!

'절단'과 관련되는 의미로는 어근 CHid에 대하여 chinatti, chinatte의 두 가지 동사 어간 형태가 있다. chindayāmi의 형태로 사전에 나타나지는 않는다. 어근 CHid는 '끊다', '자르다', '물어 끊다', '구멍내다', '가르다', '부수다', '파괴하다', '철거하다' 등의 뜻이 있으며 한역으로는 '단(斷)', '단제(斷除)', '할(割)', '할제(割除)', '전(剪)', '절거(切去)', '단절(斷絶)'이다. kilayāmi의 형태로는 사전에 보이지 않는다. 다만 kila가 아닌 kīla는 '나무못', '유침(留針)'의 뜻이며 한역으로는 '정(釘)'이다. -mi는 1인칭 단수 직설법 현재 Parasmaipada(爲他言) 태(態)의 어미이다. 223과 같음.

234. 摩訶迦囉
마하가라
Mahā · kāla
대흑천신(大黑天神) 및

mahā는 형용사로서 '큰', '거대한'의 뜻이고, 한역으로는 '대(大)', '광대(廣大)', '거(巨)'이다. 93 참조. kāla(여성형은 -ī)는 형용사로서 '암청색의', '검은'의 뜻이며 한역으로는 '흑(黑)'이다. 남성 명사로서는 '독사(毒蛇)', 'Śiva 신의 칭(稱)', 'Rudra 신의 칭'이다.

235. 摩怛囉伽拏訖哩躭微地也
마다라가나그리담비디야
mātri · gaṇa · kritāṃ vidyāṃ
그의 신비(神妃)들이 행한 주문을

mātri는 사전에 보이지 않는다. 참고로 말하면 -mātrika는 '~의 전부'라는 뜻이다. gaṇa는 남성 명사로서 '군중', '대중', '다수', '종자', '집단', '연합', '운율의 각', '(문법 규칙이 적용되는 어근 또는 語의) 일단', 음사로서는 '수(數)', '무수(無數)'이다. kritāṃ은 어근 Kṛ와 관련이 있다. Kṛ는 '짓다', '하다', '형성하다', '구성하다', '실행하다', '이행하다', '시행하다', '성취하다' 등의 뜻이 있다. vidyā는 여성 명사로서 '지식', '학문', '학술', '주법(呪法)', '주술(呪術)', '주문(呪文)', '명주(明呪)'(불교에서)의 뜻이며 한역으로는 '혜(慧)', '해(解)', '식(識)', '명료(明了)', '명(明)', '술(術)', '명술(明術)'이

다. vidyāṃ은 여성 명사 vidyā의 대격형이다. 이에 대하여는 37 참조. 일부는 218과 같음.

236. 嗔陁夜彌枳囉夜彌

친다야미기라야미

chindayāmi kilayāmi!

나는 절단하노라! 묶어 놓노라!

'절단'과 관련되는 의미로는 어근 CHid에 대하여 chinatti, chinatte의 두 가지 동사 어간 형태가 있다. chindayāmi의 형태로 사전에 나타나지는 않는다. 어근 CHid는 '끊다', '자르다', '물어 끊다', '구멍내다', '가르다', '부수다', '파괴하다', '철거하다' 등의 뜻이 있으며 한역으로는 '단(斷)', '단제(斷除)', '할(割)', '할제(割除)', '전(剪)', '절거(切去)', '단절(斷絶)'이다. kilayāmi의 형태로는 사전에 보이지 않는다. 다만 kila가 아닌 kīla는 '나무못', '유침(留針)'의 뜻이며 한역으로는 '정(釘)'이다. -mi는 1인칭 단수 직설법 현재 Parasmaipada(爲他言) 태(態)의 어미이다. 215 참조. 223과 같음.

237. 迦波哩迦

가파리가

kāpālika

카팔리카 외도(外道)들이

kāpālika는 남성 명사로서 'Śiva 교도(敎徒)의 일파(인간의 두개

골을 食器로 쓴다)', '혼혈종성(混血種姓)'(계급 이름)의 뜻이다.

238. 訖哩躭微地也
그리담비디야
kritāṃ vidyāṃ
행한 주문을

kritāṃ은 어근 Kṛ와 관련이 있다. Kṛ는 '짓다', '하다', '형성하다', '구성하다', '실행하다', '이행하다', '시행하다', '성취하다' 등의 뜻이 있다. vidyā는 여성 명사로서 '지식', '학문', '학술', '주법(呪法)', '주술(呪術)', '주문(呪文)', '명주(明呪)'(불교에서)의 뜻이며 한역으로는 '혜(慧)', '해(解)', '식(識)', '명료(明了)', '명(明)', '술(術)', '명술(明術)'이다. vidyāṃ은 여성 명사 vidyā의 대격형이다. 이에 대하여는 37 참조. 218과 같음.

239. 嗔陁夜彌枳囉夜彌
친다야미기라야미
chindayāmi kilayāmi!
나는 절단하노라! 묶어 놓노라!

'절단'과 관련되는 의미로는 어근 CHid에 대하여 chinatti, chinatte의 두 가지 동사 어간 형태가 있다. chindayāmi의 형태로 사전에 나타나지는 않는다. 어근 CHid는 '끊다', '자르다', '물어 끊다', '구멍내다', '가르다', '부수다', '파괴하다', '철거하다' 등의 뜻이 있으며 한역으로는 '단(斷)', '단제(斷除)', '할(割)', '할제(割除)', '전(剪)', '절거(切去)', '단절(斷絶)'이다. kilayāmi의 형태로는 사전에 보이지 않는다. 다만 kila가 아닌 kīla는 '나무못', '유침(留針)'의 뜻이며 한역으로는 '정(釘)'이다. -mi는 1인칭 단수 직설법 현재 Parasmaipada(爲他言) 태(態)의 어미이다. 215 참조. 223과 같음.

240. 闍夜羯囉
사야가라
jaya · kara
승리한 자,

jaya는 형용사로서 '쳐 이기는'의 뜻이다. 남성 명사로서는 '승리', '정복〔태양의 칭〕; 성선(聖仙) · Indra 신의 아들 · Viṣṇu 신의 종복(從僕)' 등의 뜻이 있다. kara는 형용사로서 '하는', '야기하는', '행하는', '생기는'의 뜻이며 한역으로는 '발(發)', '작(作)', '소작(小作)'이다. 남성 명사로서는 '하는 것', '만드는 것', '손', '(코끼리의) 코'의 뜻이다.

241. 曼度羯囉
마도가라
madhu · kara
꿀을 만드는 이

madhu는 형용사로서 '단', '맛있는', '매력 있는'의 뜻이며, 남성 명사로서는 '봄', '일년 최초의 달의 이름', 중성 명사로서는 '감로(甘露)', '밀봉주(蜜蜂酒)'의 뜻이고 한역으로는 '꿀', '석밀(石蜜)', '소밀(蘇蜜)'이다. kara는 형용사로서 '하는', '야기하는', '행하는', '생기는'의 뜻이며 한역으로는 '발(發)', '작(作)', '소작(小作)'이다. 남성 명사로서는 '하는 것', '만드는 것', '손', '(코끼리의) 코'의 뜻이다.

242. 薩婆囉他娑達你
살바라다사다니
sarvārtha sādhana
일체의 이익을 성취하고자 하는 이가

sarvārtha는 남성 복수 명사로서 '일체의 사물', '여러 종류의 사물'의 의미이며 형용사로서는 '여러 목적에 적절한'의 뜻이고 한역으로는 '일체 종리(種利)'이다. sādhana는 형용사로서 '목표에 이끄는', '바르게 이끄는', '입수(入手)하는', '확보하는', '불러내는', '표현하는'의 의미이며 한역으로는 '성취(成就)'이다. 중성 명사로서는 '정복하는 것', '패배시키는 것', '(주문에 의해) 지배하는 것', '(망령, 신령을) 불러내는 것', '수행', '성취', '완성', '이행', '달성'의 뜻이다.

243. 訖哩躭微地也
그리담비디야
kritāṃ vidyāṃ

행한 주문을

kritāṃ은 어근 Kṛ와 관련이 있다. Kṛ는 '짓다', '하다', '형성하다', '구성하다', '실행하다', '이행하다', '시행하다', '성취하다' 등의 뜻이 있다. vidyā는 여성 명사로서 '지식', '학문', '학술', '주법(呪法)', '주술(呪術)', '주문(呪文)', '명주(明呪)'(불교에서)의 뜻이며 한역으로는 '혜(慧)', '해(解)', '식(識)', '명료(明了)', '명(明)', '술(術)', '명술(明術)'이다. vidyāṃ은 여성 명사 vidyā의 대격형이다. 이에 대하여는 37 참조. 218과 같음.

244. 嗔陁夜彌枳囉夜彌
친다야미기라야미
chindayāmi kilayāmi!
나는 절단하노라! 묶어 놓노라!

'절단'과 관련되는 의미로는 어근 CHid에 대하여 chinatti, chinatte의 두 가지 동사 어간 형태가 있다. chindayāmi의 형태로 사전에 나타나지는 않는다. 어근 CHid는 '끊다', '자르다', '물어 끊다', '구멍내다', '가르다', '부수다', '파괴하다', '철거하다' 등의 뜻이 있으며 한역으로는 '단(斷)', '단제(斷除)', '할(割)', '할제(割除)', '전(剪)', '절거(切去)', '단절(斷絶)'이다. kilayāmi의 형태로는 사전에 보이지 않는다. 다만 kila가 아닌 kīla는 '나무못', '유침(留針)'의 뜻이며 한역으로는 '정(釘)'이다. -mi는 1인칭 단수 직설법 현재 Parasmaipada(爲他言) 태의 어미이다. 215 참조.

245. 者都嘌薄祁你

자도릴바기니

Catur · bhaginī

사자매여신(四姉妹女神)이

Catur는 수사, 남성 명사, 중성 명사로서 '4'의 뜻이다. bhaginī는 여성 명사로서 '자매', '(독자가 아니고 형제가 있어서) 행복함', '불교의 여신의 이름'의 뜻이며 한역으로는 '매(妹)', '매자(妹子)', '자(姉)', '대자(大姉)', '자매(姉妹)'이다.

246. 訖哩躭微地也

그리람비디야[74]

kritāṃ vidyāṃ

행한 주문을

kritāṃ은 어근 Kṛ와 관련이 있다. Kṛ는 '짓다', '하다', '형성하다', '구성하다', '실행하다', '이행하다', '시행하다', '성취하다' 등의 뜻이 있다. vidyā는 여성 명사로서 '지식', '학문', '학술', '주법(呪法)', '주술(呪術)', '주문(呪文)', '명주(明呪)'(불교에서)의 뜻이며 한역으로는 '혜(慧)', '해(解)', '식(識)', '명료(明了)', '명(明)', '술(術)', '명술(明術)'이다. vidyāṃ은 여성 명사 vidyā의 대격형이다. 이에 대하여는 37 참조. 218과 같음.

---

74) '람'은 '담'의 잘못이다. 229, 232, 235, 238, 243 등 참조.

247. 嗔陁夜彌

친다야미

chindayāmi

나는 절단하노라!

'절단'과 관련되는 의미로는 어근 CHid에 대하여 chinatti, chinatte의 두 가지 동사 어간 형태가 있다. chindayāmi의 형태로 사전에 나타나지는 않는다. 어근 CHid는 '끊다', '자르다', '물어 끊다', '구멍내다', '가르다', '부수다', '파괴하다', '철거하다' 등의 뜻이 있으며 한역으로는 '단(斷)', '단제(斷除)', '할(割)', '할제(割除)', '전(剪)', '절거(切去)', '단절(斷絕)'이다. -mi는 1인칭 단수 직설법 현재 Parasmaipada(爲他言) 태(態)의 어미이다. 215 참조.

248. 枳囉夜彌

기라야미

kilayāmi!

묶어 놓노라!

kilayāmi의 형태로는 사전에 보이지 않는다. 다만 kila가 아닌 kīla는 '나무못', '유침(留針)'의 뜻이며 한역으로는 '정(釘)'이다. -mi는 1인칭 단수 식설법 현재 Parasmaipada(爲他言) 태의 이미이다. 215 참조. 216과 같음.

249. 憑儀哩知

빙의리지

Bhriṅgiriṭika

투전외도(鬪戰外道),

Bhriṅgiriṭika는 사전에 보이지 않는다.[75]

250. 難泥鷄首婆囉

난니계슈바라

gaṇandikēśvara[76]

환희왕(歡喜王) 및

gaṇandikēśvara는 nandikēśvara의 잘못이다. 이는 남성 명사로서 '구주작희(具主作喜)', '환희주(歡喜主)'의 의미가 있다.

251. 伽那鉢底

가나바디

gaṇa · pati[77]

그들의 수령과

gaṇa-pati는 gaṇa-pa와 같은 뜻으로 남성 명사로서 '집단의 수

---

75) 淸光寺本에는 bhṛiṅgiriṭika가 'Śiva 신의 어떤 從者名', '鬪戰勝神'으로 되어 있다.

76) 중국본에는 nandikēśvara로 되어 있다.

77) 이 부분은 중국본에는 없는 부분이다.

령'의 뜻이다.

252. 娑醯夜
사혜야
sahāya
그들의 권속들이

sahāya는 남성 명사로서 '중간', '보조', '동료'의 뜻이며 형용사로서 '중간에 있는', '동반하는', '의지하는'의 뜻이고 한역으로는 '친구', '반려', '동반'이다.

253. 訖哩耽微地也[78)]
그리담비디야
kritāṃ vidyāṃ
행한 주문을

kritāṃ은 어근 Kṛ와 관련이 있다. Kṛ는 '짓다', '하다', '형성하다', '구성하다', '실행하다', '이행하다', '시행하다', '성취하다' 등의 뜻이 있다. vidyā는 여성 명사로서 '지식', '학문', '학술', '주법(呪法)', '주술(呪術)', '주문(呪文)', '명주(明呪)'(불교에서)의 뜻이며 한역으로는 '혜(慧)', '해(解)', '식(識)', '명료(明了)', '명(明)', '술(術)', '명술(明術)'이다. vidyāṃ은 여성 명사 vidyā의 대격형이다. 이에

78) '耽'은 232, 235, 238, 243, 246, 257, 261, 265, 272 등에서는 '躭'으로 나와 있다.

대하여는 37 참조. 218과 같음.

254. 嗔陁夜彌
친다야미
chindayāmi!
나는 절단하노라!

'절단'과 관련되는 의미로는 어근 CHid에 대하여 chinatti, chinatte의 두 가지 동사 어간 형태가 있다. chindayāmi의 형태로 사전에 나타나지는 않는다. 어근 CHid는 '끊다', '자르다', '물어 끊다', '구멍내다', '가르다', '부수다', '파괴하다', '철거하다' 등의 뜻이 있으며 한역으로는 '단(斷)', '단제(斷除)', '할(割)', '할제(割除)', '전(剪)', '절거(切去)', '단절(斷絶)'이다. -mi는 1인칭 단수 직설법 현재 Parasmaipada(爲他言) 태의 어미이다. 215와 같음.

255. 枳囉夜彌
기라야미
kilayāmi!
묶어 놓노라!

kilayāmi의 형태로는 사전에 보이지 않는다. 다만 kila가 아닌 kīla는 '나무못', '유침(留針)'의 뜻이며 한역으로는 '정(釘)'이다. -mi는 1인칭 단수 직설법 현재 Parasmaipada(爲他言) 태의 어미이다. 215 참조. 216과 같음.

256. 那延那室囉婆那

나연나시라바나

Nagna · śrāvaṇa

나형외도(裸形外道) 들이

nagna는 형용사로서 '벗은', '피복이 없는', '불모의'의 뜻이며 남성 명사로서는 '나형(裸形)의 탁발승(托鉢僧)'이다. 한역으로는 '나형(裸形)', '나자(裸者)', '나자형(裸者形)', '노형(露形)', '무의자(無依者)'이다. śrāvaṇa는 형용사로서 '지각되는', '들리는'의 뜻이며 한역으로는 '소문(所聞)'이다. 중성 명사로서는 '알리는 것', '고지(告知)'이고, 남성 명사로서는 '우기(雨期)의 달(7~8월)'의 뜻이다.

257. 訖哩躭微地也

그리담비디야

kritāṃ vidyāṃ

행한 주문을

kritāṃ은 어근 Kṛ와 관련이 있다. Kṛ는 '짓다', '하다', '형성하다', '구성하다', '실행하다', '이행하다', '시행하다', '성취하다' 등의 뜻이 있다. vidyā는 여성 명사로서 '지식', '학문', '학술', '주법(呪法)', '주술(呪術)', '주문(呪文)', '명주(明呪)'(불교에서)의 뜻이며 한역으로는 '혜(慧)', '해(解)', '식(識)', '명료(明了)', '명(明)', '술(術)', '명술(明術)'이다. vidyāṃ은 여성 명사 vidyā의 대격형이다. 이에 대하여는 37 참조. 218과 같음.

258. 嗔陁夜彌

친다야미

chindayāmi!

나는 절단하노라!

'절단'과 관련되는 의미로는 어근 CHid에 대하여 chinatti, chinatte의 두 가지 동사 어간 형태가 있다. chindayāmi의 형태로 사전에 나타나지는 않는다. 어근 CHid는 '끊다', '자르다', '물어 끊다', '구멍내다', '가르다', '부수다', '파괴하다', '철거하다' 등의 뜻이 있으며 한역으로는 '단(斷)', '단제(斷除)', '할(割)', '할제(割除)', '전(剪)', '절거(切去)', '단절(斷絶)'이다. -mi는 1인칭 단수 직설법 현재 Parasmaipada(爲他言) 태의 어미이다. 215와 같음.

259. 枳囉夜彌

기라야미

kilayāmi!

묶어 놓노라!

kilayāmi의 형태로는 사전에 보이지 않는다. 다만 kila가 아닌 kīla는 '나무못', '유침(留針)'의 뜻이며 한역으로는 '정(釘)'이다. -mi는 1인칭 단수 직설법 현재 Parasmaipada(爲他言) 태의 어미이다. 215 참조. 216과 같음.

260. 阿囉訶多

아라하다

Ārhanta[79]

아라한들이

사전에는 Ārhanta가 아닌 arhat가 나온다. arhat는 현재 분사로서는 '상당하는', '값하는'의 뜻이며 남성 명사로서는 '가치 있는 사람', '아라한'의 뜻이고 한역으로는 '응(應)', '응공(應供)'이다. 음사로는 '나한(羅漢)', '아라한(阿羅漢)', '아라하(阿羅訶)'이다.

261. 訖哩躭微地也

그리담비디야

kritāṃ vidyāṃ

행한 주문을

kritāṃ은 어근 Kṛ와 관련이 있다. Kṛ는 '짓다', '하다', '형성하다', '구성하다', '실행하다', '이행하다', '시행하다', '성취하다' 등의 뜻이 있다. vidyā는 여성 명사로서 '지식', '학문', '학술', '주법(呪法)', '주술(呪術)', '주문(呪文)', '명주(明呪)'(불교에서)의 뜻이며 한역으로는 '혜(慧)', '해(解)', '식(識)', '명료(明了)', '명(明)', '술(術)', '명술(明術)'이다. vidyāṃ은 여성 명사 vidyā의 대격형이다. 이에 대하여는 37 참조. 218과 같음.

---

79) 중국본에는 arhat로 되어 있다.

262. 嗔陁夜彌

친다야미

chindayāmi!

나는 절단하노라!

'절단'과 관련되는 의미로는 어근 CHid에 대하여 chinatti, chinatte의 두 가지 동사 어간 형태가 있다. chindayāmi의 형태로 사전에 나타나지는 않는다. 어근 CHid는 '끊다', '자르다', '물어 끊다', '구멍내다', '가르다', '부수다', '파괴하다', '철거하다' 등의 뜻이 있으며 한역으로는 '단(斷)', '단제(斷除)', '할(割)', '할제(割除)', '전(剪)', '절거(切去)', '단절(斷絶)'이다. -mi는 1인칭 단수 직설법 현재 Parasmaipada(爲他言) 태의 어미이다. 215와 같음.

263. 枳囉夜彌

기라야미

kilayāmi!

묶어 놓노라!

kilayāmi의 형태로는 사전에 보이지 않는다. kila(사전에는 kīla)는 '나무못', '유침(留針)'의 뜻이며 한역으로는 '정(釘)'이다. -mi는 1인칭 단수 직설법 현재 Parasmaipada(爲他言) 태(態)의 어미이다. 215 참조. 216과 같음.

264. 微怛囉迦

미다라가

Vita · rāga(or vetāla)

욕망을 버린 자들이(or 起屍鬼)

vita(사전에는 vīta)는 과거수동분사로서 '가까워진', '바랐던', '좋아진', '즐거운'의 뜻이며 중성 명사로서는 '욕망'이다. rāga는 남성 명사로서 '채색하는 것', '물들이는 것', '색(色)', '붉은 것', '정열', '격렬한 욕망', '애정'의 뜻이며 한역으로는 '탐(貪)', '탐애(貪愛)', '탐욕', '애욕', '염(染)', '염법(染法)'이다. vetāla는 남성 명사로서 '(死體를 점유하는) 악귀(惡鬼)의 일종'의 뜻이며 한역으로는 '귀(鬼)', '기시귀(起屍鬼)'이다.

265. 訖哩躭微地也

그리담비디야

kritāṃ vidyāṃ

행한 주문을

kritāṃ은 어근 Kṛ와 관련이 있다. Kṛ는 '짓다', '하다', '형성하다', '구성하다', '실행하다', '이행하다', '시행하다', '성취하다' 등의 뜻이 있다. vidyā는 여성 명사로서 '지식', '학문', '학술', '주법(呪法)', '주술(呪術)', '주문(呪文)', '명주(明呪)'(불교에서)의 뜻이며 한역으로는 '혜(慧)', '해(解)', '식(識)', '명료(明了)', '명(明)', '술(術)', '명술(明術)'이다. vidyāṃ은 여성 명사 vidyā의 대격형이다. 이에 대하여는 37 참조. 218과 같음.

266. 嗔陁夜彌
 친다야미
 chindayāmi!
 나는 절단하노라!

'절단'과 관련되는 의미로는 어근 CHid에 대하여 chinatti, chinatte의 두 가지 동사 어간 형태가 있다. chindayāmi의 형태로 사전에 나타나지는 않는다. 어근 CHid는 '끊다', '자르다', '물어 끊다', '구멍내다', '가르다', '부수다', '파괴하다', '철거하다' 등의 뜻이 있으며 한역으로는 '단(斷)', '단제(斷除)', '할(割)', '할제(割除)', '전(剪)', '절거(切去)', '단절(斷絶)'이다. -mi는 1인칭 단수 직설법 현재 Parasmaipada(爲他言) 태의 어미이다. 215와 같음.

267. 枳囉夜彌
 기라야미
 kilayāmi!
 묶어 놓노라!

kilayāmi의 형태로는 사전에 보이지 않는다. kila(사전에는 kīla)는 '나무못', '유침(留針)'의 뜻이며 한역으로는 '정(釘)'이다. -mi는 1인칭 단수 직설법 현재 Parasmaipada(爲他言) 태의 어미이다. 215 참조. 216과 같음.

268. 跋折囉波你

발절라파니

Vajra · pāṇa[80)]

금강수신(金剛手神)

vajra는 남성 명사 또는 중성 명사로서 '뇌전(雷電), 특히 Indra 신의 뇌전 또는 금강저(金剛杵) 신의 칭(稱)', '금강석(金剛石)'의 의미를 가지며, 한역으로는 '금강(金剛)', '금강저(金剛杵)', '벽력(霹靂)'이다. pāṇa는 남성 명사로서 '도박도금(賭博賭金)'의 뜻이어서 문맥에는 맞지 않는다. pāṇi는 남성 명사는 '손'의 뜻이며 한역으로는 '집(執)', '수지(手持)', '집지(執持)'이다.

269. 跋折囉婆你

발절라파니

Vajra · pāṇi

금강수(金剛手)의

vajra는 남성 명사 또는 중성 명사로서 '뇌전(雷電), 특히 Indra 신의 뇌전 또는 금강저(金剛杵) 신의 칭(稱)', '금강석(金剛石)'의 의미를 가지며, 한역으로는 '금강(金剛)', '금강저(金剛杵)', '벽력(霹靂)'이다. pāṇi는 남성 명사는 '손'의 뜻이며 한역으로는 '집(執)', '수지(手持)', '집지(執持)'이다.

---

80) 중국본에는 pāṇi로 되어 있고 풀이는 '金剛手'로 되어 있다.

270. 具醯夜迦
구혜야가
guhyaka[81]
밀적천(密跡天)의

guhyaka는 남성 명사로서 '반신반인(半神半人)의 일종'의 뜻이며 한역으로는 '밀적천(密跡天)', '밀건인(密健人)', '나찰(羅刹)'이다.

271. 地鉢底
디바디
adhipati
주(主)가

adhipati는 adhipadhk 같은 뜻으로서 남성 명사이며 '머리의 급소(急所)'의 뜻이다. 한역으로는 '주(主)', '왕(王)', '군(君)'의 뜻이다.

272. 訖哩躭微地也
그리담비디야
kritāṃ vidyāṃ
행한 주문을

kritāṃ은 어근 Kṛ와 관련이 있다. Kṛ는 '짓다', '하다', '형성하다', '구성하다', '실행하다', '이행하다', '시행하다', '성취하다' 등의

81) 중국본에는 이 부분이 반복된다.

뜻이 있다. vidyā는 여성 명사로서 '지식', '학문', '학술', '주법(呪法)', '주술(呪術)', '주문(呪文)', '명주(明呪)'(불교에서)의 뜻이며 한역으로는 '혜(慧)', '해(解)', '식(識)', '명료(明了)', '명(明)', '술(術)', '명술(明術)'이다. vidyāṃ은 여성 명사 vidyā의 대격형이다. 이에 대하여는 37 참조. 218과 같음.

273. 嗔陁夜彌枳囉夜彌

친다야미기라야미

chindayāmi kilayāmi!

나는 절단하노라! 묶어 놓노라!

'절단'과 관련되는 의미로는 어근 CHid에 대하여 chinatti, chinatte의 두 가지 동사 어간 형태가 있다. chindayāmi의 형태로 사전에 나타나지는 않는다. 어근 CHid는 '끊다', '자르다', '물어 끊다', '구멍내다', '가르다', '부수다', '파괴하다', '철거하다' 등의 뜻이 있으며 한역으로는 '단(斷)', '단제(斷除)', '할(割)', '할제(割除)', '전(剪)', '절거(切去)', '단절(斷絶)'이다. kilayāmi의 형태로는 사전에 보이지 않는다. 다만 kila가 아닌 kīla는 '나무못', '유침(留針)'의 뜻이며 한역으로는 '정(釘)'이다. -mi는 1인칭 단수 직설법 현재 Parasmaipada(爲他言) 태의 어미이다. 215 참조. 223과 같음.

274. 囉叉囉叉罔

라차라차망

Raksha raksha[82] māṃ

나를 수호하소서, 수호하소서.

raksha(사전에는 rākṣasa)는 형용사로서 '악마에 속하는', '악마에 특유한', '악마의'의 뜻이며, 남성 명사로는 '밤의 악마', '악마'의 뜻이고, 한역으로는 '악귀(惡鬼)', '매(魅)'이고, 음사로는 '나찰(羅刹)', '나찰사(羅刹娑)'이다. māṃ은 1인칭 대명사 mad의 단수 대격형이다. 인칭 대명사의 활용형에 대하여는 342 참조.

275. 薄伽梵
박가범
Bhagavan!
세존이시여!

bhagavan의 형태로는 사전에 보이지 않는다. bhagavat는 '행운을 가진', '은혜받은', '신성(神性) 있는', '저명한', '신성한'의 뜻이 있고, 여성 명사로는 bhagavati, 남성 복수형으로는 bhagavatas이다. 남성 단수로서는 Viṣṇu 신, Kṛṣṇ 신, Śiva 신을 칭한다. 한역으로는 '세존', '유덕(有德)', '출유(出有)', '출유괴(出有壞)' 등이 된다. 음사로는 '박가범(薄伽梵)', '바가바(婆伽婆)'이다. bhagavate는 남성 명사 bhagavat의 단수 여격형이다.

276. 印兔那麼麼那寫
인토나마마나샤

82) 중국본에는 이 부분이 한 번만 나온다.

Ittaṃmamāsya
이와 같이 (連誦하는) 이 나에 대하여.

ittāṃ(사전에는 ittham 또는 itthā)은 모두 부사로서 '이와 같이'의 뜻으로 나와 있다. mama는 1인칭 대명사 mad의 속격형으로 '나의'의 뜻이다. -sya는 -a로 끝나는 남성 명사의 속격형이다.

《능엄주 제4회》[83)]

277. 薄伽梵薩怛他揭都烏瑟尼沙
박가범살다타게도오스니사
bhagavāṃs tathāgatoshṇisha[84)]
거룩한 여래불정이시여,

bhagavāṃs는 사전에 나오지 않는다. bhagavat는 형용사로서 '행운의', '숭배해야 할', '존경해야 할', '신성의', '저명한', '신성한'의 뜻이고, 남성 명사로는 'Viṣṇu 신 · Kṛṣṇa 신 · Śiva 신의 칭(稱)', '불타'의 의미이며, 한역으로는 '세존(世尊)'이고, 음사로는 '박가범(薄伽梵)', '바기비(婆伽婆)'이다. tathāgata는 형용사로서 '이렇게 춤추는', '이러한 상태에 있는', '이러한 성질 또는 본성의',

83) 釋仁基(1989)에 따르면 제4회는 '剛藏折攝會'에서 설하여진다.
84) 중국본에는 이 부분이 Bagavan! 세존이시여!로 되어 있다.

'이와 같은'의 뜻이 있다. 남성 명사로서는 '불교도'의 의미를 가진다. 한역으로는 '여래', '불(佛)', '세존'이 되고 음사로는 '다타아가도(多陀阿伽度)', '다타아가타(多陀阿伽馱)', '다타아가도(多他阿伽度)'이다. ushṇisha는 남성 명사, 중성 명사로서 '머리를 감는 포(布)'이며 한역으로는 '정(頂)', '정고(頂高)', '불정(佛頂)', '존승(尊勝)', '최승정상(最勝頂相)'이다. 67 참조.

278. 悉怛多鉢怛囉

시다다바다라

sit'ātapatre

백산개(白傘蓋)이시여,

sita는 형용사로서 '흰', '파르스름한', '밝은'의 뜻이고 한역으로는 '소(素)'이다. sit'ātapatra는 중성 명사로서 '흰 양산'(왕위의 상징)이다.

279. 南無嗉都羝

나무수도뎨

namo'astu · te

그대에게 정례하여 귀명하나이다.

namo는 namas와 같은 뜻이다. namas는 중성 명사로서 '머리를 조아리는 것', '경례', '귀명(歸命)'(언어 또는 태도에 대하여)의 뜻이 있고 때로는 여격과 더불어 감탄사로 사용되고 한역으로는 '귀의', '귀명(歸命)', '예(禮)', '경례', '귀례(歸禮)'의 뜻이 있다. 음사로서는 '남무', '나모(那謨)', '나모(南謨)', '나모(那莫)'가 된다. namas (namaḥ)가 동사 형태로 쓰이려면 'namasya+명사의 대격형'이 되는 것이 원칙이다. astu는 사전에 As의 3인칭 단수 명령형으로 되어 있는데 As는 '존재하다', '일어나다', '발하다', '살다', '속하다', '돌아가다'의 뜻이며 한역으로는 '주(住)', '재(在)', '주재(住在)'이다. 2인칭 대명사 tvad는 격 어미가 사용되기도 하고 부대형이 사용되기도 하는데 te는 2인칭 대명사 부대형의 단수, 여격형, 속격형이다. 이에 대하여 아래에 소개하면 다음과 같다.

(12) 2인칭. Sg. tvad-, Pl. yuṣmad-

	Sg.	Du.	Pl.
N.	tvam	yuvām	yūyam
Ac.	tvām	〃	yuṣmān
Ins.	tvayā	yuvābhyām	yuṣmābhih
D.	tubhyam	〃	yuṣmabhyam
Ab.	tvat	〃	yuṣmat
G.	tava	yuvayoḥ	yuṣmākam
L.	tvayi	〃	yuṣmāsu

(13) 2인칭 부대형

		1인칭	2인칭
S.	Ac.	mā	tvā
	D. G.	me	*te*
Du.	Ac. Dg. G.	mau	vām
Pl.	Ac. Dg. G	naḥ	vaḥ

280. 阿悉多那囉囉迦

아시다나라라가

Asita · analāruka

흰 불빛과 같이

asita는 사전에 형용사로서 '암색(暗色)의', '검은'으로 나와 있어서 풀이와 부합되지 않는다. 참고로 말하여 asita-gati는 남성 명사로서 '불'이다. 사전에 anala는 남성 명사로서 역시 '불'의 의미로 되어 있다. analāruka의 형태로는 사전에 나타나 있지 않다.

281. 鉢囉婆毘薩菩吒

바라바비살보타

prabhāsvata

빛나는

prabhāsvat는 형용사로서 '빛나는'의 뜻이다. 참고로 말하면 prabhāsvara는 형용사로서는 '빛나는'의 뜻이고 한역으로는 '광명', '광채', '광려(光麗)', '광정(光淨)', '최상광(最上光)', '명백(明白)', '정(淨)', '청정(淸淨)'이다.

282. 毘迦悉怛多

비가시다다

vika · sit'āta

활짝 핀

vika는 사전에 보이지 않는다.[85] sita는 형용사로서 '흰', '파르스름한', '밝은'의 뜻이고 한역으로는 '소(素)'이다. sit'ātapatra는 중성 명사로서 '흰 양산'(왕위의 상징)이다.

283. 鉢底哩
바디리
patre
백산개여신(白傘蓋女神)이시여,

sit'ātapatra는 중성 명사로서 '흰 양산'(왕위의 상징)이다.

284. 什嚩囉什嚩囉
지바라지바라
jvala, jvala
방광(放光), 방광(放光),

jvala는 남성 명사로서 '불꽃'의 뜻이며 '화(火)', '광명(光明)'으로 한역된다.

285. 陁囉陁囉
다라다라
dara · dara
분쇄, 분쇄,

85) 淸光寺本에 따르면 vika는 '花開'의 뜻이다.

dara는 형용사로서 '찢는', '분쇄하는'의 뜻이고 남성 명사로서는 '공포(恐怖)'의 뜻이 있다.

286. 頻陁囉頻陁囉

빈다라빈다라

vidara · vidara

파열, 파열,

vidara 남성 명사로서 '파열', '분열'의 의미이다.

287. 嗔陁嗔陁

친다친다

chinda · chinda!

절단, 절단!

'절단'과 관련되는 의미로는 어근 CHid에 대하여 chinatti, chinatte의 두 가지 동사 어간 형태가 있다. chinda의 형태로 사전에 나타나지는 않는다. 어근 CHid는 '끊다', '자르다', '물어 끊다', '구멍내다', '가르다', '부수다', '파괴하다', '철거하다' 등의 뜻이 있으며 한역으로는 '단(斷)', '단제(斷除)', '할(割)', '할제(割除)', '전(剪)', '절거(切去)', '단절(斷絶)'이다.

288. 舍吽舍吽

훔-훔-

Hūṃ hūṃ

거룩, 거룩한

hūṃ은 사전에 보이지 않는다. 석인기(釋仁基)에 따르면 '오직'의 의미이다. 135 참조.

289. 泮泮泮

반반반

pha pha pha[86)]

주문(呪文)

pha는 사전에 보이지 않는다.

290. 泮吒泮吒

반타반타

phaṭ phaṭ

주문(呪文)들로써

phaṭ는 사전에 보이지 않는다.[87)]

86) 중국본에는 이 부분이 모두 phaṭ로 되어 있다.

87) 淸光寺本에는 phaṭ가 '聖語'(神秘音)으로 풀이되어 있다. 290, 292~317, 319~341 역시 마찬가지이다.

291. 莎皤訶

사바하

svāhā!

딴 주문(呪文)들을 파패(破敗)시켜 주시옵소서!

svāhā는 불변사로서 신격(神格)의 대상에 대하여 '행복하소서!', '축복 있으소서!'로 기도의 끝에 사용하는 말이다.

292. 醯醯泮

혜혜반

He he phaṭ

다음의 주문들까지도

he는 부르는 말에 붙는 간투사로서 일반적으로 부르는 말의 앞에 온다. 악귀를 부르는 감탄사이다.

293. 阿牟伽耶泮

아무가야반

Amoghāya phaṭ

불공자(不空者)의 주문,

amogha는 형용사로서 '비지 않은', '오류 없는', '확실한'의 의미이며 한역으로는 불공(不空), 불허(不虛), 무공과(無空過), 불공과(不空過)이다. 남성 명사로서는 '오류가 없는 것', 'Śiva 신, viṣṇu

신, Scanda의 칭(稱)'이다. Amoghāya는 남성 명사 amogha의 여격형이다. 여격이 속격처럼 쓰이는 것에 대하여는 파니니 문법 1.4.32를 참조할 수 있다.

294. 阿鉢囉底訶多泮
아바라디하다반
apratihatāya · phaṭ
무애자(無碍者)의 주문,

apratihata는 과거수동분사로서 '방해받지 않은', '손실 없는 '의 뜻이며 '무애(無碍)', '불애(不碍)', '무장애(無障碍)', '이장애(離障碍)', '무소장애(無所障碍)'로 한역된다. 사전에는 남성 명사로 표시되지는 않았으나 apratihatāya는 남성 명사 apratihata의 여격형이며, 여격이 속격처럼 쓰이는 것에 대하여는 파니니 문법 1.4.32를 참조할 수 있다.

295. 皤囉鉢囉陁泮
바라바라다반
vara · pradāya · phaṭ
은혜를 베푸는 자의 주문,

vara는 남성 명사로서 '선물', '특권', '지참금'의 뜻이며 한역으로는 '희(希)', '원(願)', '소원', '소구(所求)'이다. prada는 형용사로서 주는 '부여하는', '양도하는', '발음하는', '야기하는', '생기는'의 뜻이며 '여(與)', '보시(布施)'로 한역된다. 사전에는 남성 명사로 표시되어 있지 않지만 pradāya는 남성 명사 prada의 여격형이다. 여격이 속격처럼 쓰이는 것에 대하여는 파니니 문법 1.4.32를 참조할 수 있다.

296. 阿素囉毘陁囉皤迦泮

아소라비다라바가반

asura · vidrāpakāya · phaṭ

아수라를 물리치는 자의 주문,

asura는 '살아 있는', '영적인'의 뜻이며 남성 명사로서는 '심령', '천제(天帝)', '악마', '악령'의 뜻이고 한역으로는 '수라(修羅)', '아수라(阿修羅)', '아소라(阿蘇羅)', '아소라(阿素羅)'이다. vidrāpakāya는 형태상으로는 사전에 보이지 않는 남성 명사 vidrāpakya의 여격형이다.[88] 여격이 속격처럼 쓰이는 것에 대하여는 파니니 문법 1.4.32를 참조할 수 있다.

297. 薩皤提吠弊泮

살바뎨볘뱌반

sarva · devebhyaḥ · phaṭ

일체 천신들의 주문,

sarva는 형용사로서 '모든', '전체의', '일체의', '각각의' 등의 뜻

88) 淸光寺本에는 vidrāpakya가 '逃走', '逃走神'로 풀이되어 있다.

을 지니고, 한역으로는 '일체', '개(皆)'의 의미이며, 음사로는 '살리전(薩哩囀)'이 된다. 남성 단수 명사로는 '각인(各人)', 복수로서는 '전원(全員)'의 뜻을 가진다. 또, 중성 단수 명사로서는 '만사(萬事)'의 뜻이 있다. sarva에 대하여는 3을 참조할 수 있다. devebhyaḥ는 남성 명사 deva(神)의 복수 여격형, 탈격형이다. 여격이 속격처럼 쓰이는 것에 대하여는 파니니 문법 1.4.32를 참조할 수 있다.

298. 薩皤那那伽弊泮

살바나나가뱌반

sarva · nāgebhyaḥ · phaṭ

일체 용신(龍神)들의 주문,

sarva는 형용사로서 '모든', '전체의', '일체의', '각각의' 등의 뜻을 지니고, 한역으로는 '일체', '개(皆)'의 의미이며, 음사로는 '살리전(薩哩囀)'이 된다. 남성 단수 명사로는 '각인(各人)', 복수로서는 '전원(全員)'의 뜻을 가진다. 또, 중성 단수 명사로서는 '만사(萬事)'의 뜻이 있다. sarva에 대하여는 3을 참조할 수 있다. nāgebhyaḥ는 남성 명사 nāga '사(蛇)', '용(龍)', '용족(龍族)'의 복수 여격형, 탈격형이다. 여격이 속격처럼 쓰이는 것에 대하여는 파니니 문법 1.4.32를 참조할 수 있다.

299. 薩皤藥叉弊泮

살바야차뱌반

sarva · yakshebhyaḥ · phaṭ

일체 야차신(夜叉神)들의 주문,

sarva는 형용사로서 '모든', '전체의', '일체의', '각각의' 등의 뜻을 지니고, 한역으로는 '일체', '개(皆)'의 의미이며, 음사로는 '살리전(薩哩囀)'이 된다. 남성 단수 명사로는 '각인(各人)', 복수로서는 '전원(全員)'의 뜻을 가진다. 또, 중성 단수 명사로서는 '만사(萬事)'의 뜻이 있다. sarva에 대하여는 3을 참조할 수 있다. yaksha가 아닌 yakṣa는 중성 명사로서 '형태(形態)', '초자연적 존재', '요괴(妖怪)'의 뜻이 있으며 남성 명사로서 'Kubera 신의 종자(從者)', 한역으로는 '신(神)', '귀신(鬼神)'이다. 음사로는 '야차(夜叉)', '약차(藥叉)'이다. yakshebhyaḥ는 yakṣa의 복수 여격형, 탈격형이다. 여격이 속격처럼 쓰이는 것에 대하여는 파니니 문법 1.4.32를 참조할 수 있다.

300. 薩皤乾闥婆弊泮
살바건달바바반
sarva · gandharvebhyaḥ · phaṭ
일체 음악신들의 주문,

sarva는 형용사로서 '모든', '전체의', '일체의', '각각의' 등의 뜻을 지니고, 한역으로는 '일체', '개(皆)'의 의미이며, 음사로는 '살리전(薩哩囀)'이 된다. 남성 단수 명사로는 '각인(各人)', 복수로서는 '전원(全員)'의 뜻을 가진다. 또, 중성 단수 명사로서는 '만사(萬事)'의 뜻이 있다. sarva에 대하여는 3을 참조할 수 있다. gandharva

는 남성 명사로서 'Soma 및 태양과 밀접한 관계에 있는 수호신의 이름', 복수로서는 '(Indra 신의 하늘에 있는) 천상의 음악사', '육체의 사후 다른 육체에 깃들이는 영혼'의 뜻이다. 한역으로는 '악인(樂人)', '악사', '음악'의 뜻이 있고 음사로는 '달바(闥婆)', '건달바(健闥婆)', '건달바(健闥縛)'이다. gandharvebhyaḥ는 gandharva의 복수 여격형, 탈격형이다. 여격이 속격처럼 쓰이는 것에 대하여는 파니니 문법 1.4.32를 참조할 수 있다.

301.[89] 薩皤阿素囉弊泮
살바아소라뱌반
arva · asurebhyaḥ · phaṭ
일체 아수라들의 주문,

sarva는 형용사로서 '모든', '전체의', '일체의', '각각의' 등의 뜻을 지니고, 한역으로는 '일체', '개(皆)'의 의미이며, 음사로는 '살리전(薩哩囀)'이 된다. 남성 단수 명사로는 '각인(各人)', 복수로서는 '전원(全員)'의 뜻을 가진다. 또, 중성 단수 명사로서는 '만사(萬事)'의 뜻이 있다. sarva에 대하여는 3을 참조할 수 있다. asura는 '살아 있는', '영적인'의 뜻이며 남성 명사로서는 '심령', '천제(天帝)', '악마', '악령'의 뜻이고 한역으로는 '수라(修羅)', '아수라(阿修羅)', '아소라(阿蘇羅)', '아소라(阿素羅)'이다. asurebhyaḥ는 남성 명사로서 asura의 복수 여격형, 탈격형이다. 여격이 속격처럼 쓰이는 것에 대하여는 파니니 문법 1.4.32를 참조할 수 있다.

89) 301~307은 중국본에는 없는 내용이다.

302. 薩皤揭嚕荼弊泮

살바게로다뱌반

sarva · garuḍebhyaḥ · phaṭ

일체 금시조(金翅鳥)들의 주문,

sarva는 형용사로서 '모든', '전체의', '일체의', '각각의' 등의 뜻을 지니고, 한역으로는 '일체', '개(皆)'의 의미이며, 음사로는 '살리전(薩哩囀)'이 된다. 남성 단수 명사로는 '각인(各人)', 복수로서는 '전원(全員)'의 뜻을 가진다. 또, 중성 단수 명사로서는 '만사(萬事)'의 뜻이 있다. sarva에 대하여는 3을 참조할 수 있다. garuḍa는 남성 명사로서 '(Vinatā의 아들로서 Aruṇa의 형이라고 일컬어지며 또는 새의 왕으로서 Viṣṇu 신 또는 Kṛṣṇu 신의 승물(乘物)이라고 전해 오는)전설상의 새의 이름'이며 한역으로는 '금시조(金翅鳥)'이다. garuḍebhyaḥ는 남성 명사 garuḍa의 복수 여격형, 탈격형이다. 여격이 속격처럼 쓰이는 것에 대하여는 파니니 문법 1.4.32를 참조할 수 있다.

303. 薩皤緊那囉弊泮

살바긴나라뱌반

sarva · kinnarebhyaḥ · phaṭ

일체 긴나라 신(神)들의 주문,

sarva는 형용사로서 '모든', '전체의', '일체의', '각각의' 등의 뜻을 지니고, 한역으로는 '일체(一切)', '개(皆)'의 의미이며, 음사로는

'살리전(薩哩囀)'이 된다. 남성 단수 명사로는 '각인(各人)', 복수로서는 '전원(全員)'의 뜻을 가진다. 또, 중성 단수 명사로서는 '만사(萬事)'의 뜻이 있다. sarva에 대하여는 3을 참조할 수 있다. kinnarebhyaḥ는 사전에 보이지 않는 남성 명사 kinnara의 복수 여격형, 탈격형이다. 여격이 속격처럼 쓰이는 것에 대하여는 파니니 문법 1.4.32를 참조할 수 있다.

304. 薩皤摩護囉伽弊泮
살바마호라가뱌반
sarva · mahoragebhyaḥ · phaṭ
일체 마후라카 신(神)들의 주문,

sarva는 형용사로서 '모든', '전체의', '일체의', '각각의' 등의 뜻을 지니고, 한역으로는 '일체(一切)', '개(皆)'의 의미이며, 음사로는 '살리전(薩哩囀)'이 된다. 남성 단수 명사로는 '각인(各人)', 복수로서는 '전원(全員)'의 뜻을 가진다. 또, 중성 단수 명사로서는 '만사(萬事)'의 뜻이 있다. sarva에 대하여는 3을 참조할 수 있다. mahoragebhyaḥ는 남성 명사로는 '대사(大蛇)', 복수로서 '지옥의 뱀 이름'의 뜻이 있는 mahoraga의 복수 여격형, 탈격형이다. 여격이 속격처럼 쓰이는 것에 대하여는 파니니 문법 1.4.32를 참조할 수 있다

305. 薩皤囉刹莎弊泮
살바라찰사뱌반

sarva · rākshebhyaḥ · phaṭ
일체 나찰신(羅刹神)들의 주문,

sarva는 형용사로서 '모든', '전체의', '일체의', '각각의' 등의 뜻을 지니고, 한역으로는 '일체', '개(皆)'의 의미이며, 음사로는 '살리전(薩哩囀)'이 된다. 남성 단수 명사로는 '각인(各人)', 복수로서는 '전원(全員)'의 뜻을 가진다. 또, 중성 단수 명사로서는 '만사(萬事)'의 뜻이 있다. sarva에 대하여는 3을 참조할 수 있다. raksha(사전에는 rākṣasa)는 형용사로서 '악마에 속하는', '악마에 특유한', '악마의'의 뜻이며, 남성 명사로는 '밤의 악마', '악마'의 뜻이고, 한역으로는 '악귀(惡鬼)', '매(魅)'이고, 음사로는 '나찰(羅刹)', '나찰사(羅刹娑)'이다. rākshebhyaḥ는 문법대로라면 남성 명사 rāksha의 복수 여격형, 탈격형이다. 여격이 속격처럼 쓰이는 것에 대하여는 파니니 문법 1.4.32를 참조할 수 있다.

306. 薩皤摩努曬弊泮
살바마노쇄뱌반
sarva · manushebhyaḥ · phaṭ
모든 사람들의 주문,

sarva는 형용사로서 '모든', '전체의', '일체의', '각각의' 등의 뜻을 지니고, 한역으로는 '일체(一切)', '개(皆)'의 의미이며, 음사로는 '살리전(薩哩囀)'이 된다. 남성 단수 명사로는 '각인(各人)', 복수로서는 '전원(全員)'의 뜻을 가진다. 또, 중성 단수 명사로서는 '만사

(萬事)'의 뜻이 있다. sarva에 대하여는 3을 참조할 수 있다. manushebhyaḥ는 남성 명사 manusha(사전에는 manuṣa) '인간'의 복수 여격형, 탈격형이다. 여격이 속격처럼 쓰이는 것에 대하여는 파니니 문법 1.4.32를 참조할 수 있다.

307. 薩皤阿摩努曬弊泮
살바아마노쇄뱌반
arva · amanushebhyaḥ · phaṭ
모든 비인(非人)들의 주문,

sarva는 형용사로서 '모든', '전체의', '일체의', '각각의' 등의 뜻을 지니고, 한역으로는 '일체(一切)', '개(皆)'의 의미이며, 음사로는 '살리전(薩哩嚩)'이 된다. 남성 단수 명사로는 '각인(各人)', 복수로서는 '전원(全員)'의 뜻을 가진다. 또, 중성 단수 명사로서는 '만사(萬事)'의 뜻이 있다. sarva에 대하여는 3을 참조할 수 있다. amanushebhyaḥ는 남성 명사 amanuṣya '무인(無人)', '괴물', '비인(非人)', '귀신(鬼神)'의 복수 여격형, 탈격형이다. 여격이 속격처럼 쓰이는 것에 대하여는 파니니 문법 1.4.32를 참조할 수 있다.

308. 薩皤布單那弊泮
살바부단나뱌반
sarva · pūtanebhyaḥ · phaṭ
일체 후귀들의 주문,

sarva는 형용사로서 '모든', '전체의', '일체의', '각각의' 등의 뜻을 지니고, 한역으로는 '일체(一切)', '개(皆)'의 의미이며, 음사로는 '살리전(薩哩囀)'이 된다. 남성 단수 명사로는 '각인(各人)', 복수로서는 '전원(全員)'의 뜻을 가진다. 또, 중성 단수 명사로서는 '만사(萬事)'의 뜻이 있다. sarva에 대하여는 3을 참조할 수 있다. pūtanebhyaḥ는 남성 명사 pūtana '악귀', '요괴', '귀(鬼)', '후자(臭者)'의 복수 여격형, 탈격형이다. 여격이 속격처럼 쓰이는 것에 대하여는 파니니 문법 1.4.32를 참조할 수 있다.

309. 薩皤迦吒布單那肺泮
살바가타부단나뱌반
sarva · kaṭa-pūtanebhyaḥ · phaṭ
일체 기후귀들의 주문,

sarva는 형용사로서 '모든', '전체의', '일체의', '각각의' 등의 뜻을 지니고, 한역으로는 '일체', '개(皆)'의 의미이며, 음사로는 '살리전(薩哩囀)'이 된다. 남성 단수 명사로는 '각인(各人)', 복수로서는 '전원(全員)'의 뜻을 가진다. 또, 중성 단수 명사로서는 '만사(萬事)'의 뜻이 있다. sarva에 대하여는 3을 참조할 수 있다. kaṭa는 남성 명사로서 '돗자리', '사체(屍體)'의 뜻이 있다. pūtanebhyaḥ는 남성 명사 pūtana '악귀', '요괴', '귀(鬼)', '후자(臭者)'의 복수 여격형, 탈격형이다. 여격이 속격처럼 쓰이는 것에 대하여는 파니니 문법 1.4.32를 참조할 수 있다.

310. 薩皤突蘭枳帝弊泮
살바도란기데뱌반
sarva · durlaṅgirebhyaḥ · phaṭ
재앙을 지나가게 하는 모든 신들의 주문,

sarva는 형용사로서 '모든', '전체의', '일체의', '각각의' 등의 뜻을 지니고, 한역으로는 '일체(一切)', '개(皆)'의 의미이며, 음사로는 '살리전(薩哩囀)'이 된다. 남성 단수 명사로는 '각인(各人)', 복수로서는 '전원(全員)'의 뜻을 가진다. 또, 중성 단수 명사로서는 '만사(萬事)'의 뜻이 있다. sarva에 대하여는 3을 참조할 수 있다. durlaṅgirebhyaḥ는 문법적으로는 남성 명사 durlaṅgira 의 복수 여격형, 탈격형이다. 그러나 사전에는 durlaṅgira가 보이지 않는다. 참고로 말하면 durlaṅghana는 형용사로서 '능가하기 어려운'의 뜻이고 durlaṅghya는 미래수동분사로서 '횡절(橫切)하기 어려운'의 뜻이다. 여격이 속격처럼 쓰이는 것에 대하여는 파니니 문법 1.4.32를 참조할 수 있다.

311. 薩皤突瑟吒畢哩乞史帝弊泮
살바도스타피리그시데뱌반
sarva dushṭa · prekshitebhyaḥ · phaṭ
재앙을 일으키는 모든 신들의 주문,

sarva는 형용사로서 '모든', '전체의', '일체의', '각각의' 등의 뜻을 지니고, 한역으로는 '일체', '개(皆)'의 의미이며, 음사로는 '살리전(薩哩嚩)'이 된다. 남성 단수 명사로는 '각인(各人)', 복수로서는 '전원(全員)'의 뜻을 가진다. 또, 중성 단수 명사로서는 '만사(萬事)'의 뜻이 있다. sarva에 대하여는 3을 참조할 수 있다. dushṭa(사전에는 duṣta)는 남성 명사로서 '악한', '무뢰한', 중성 명사로서 '죄', '죄과'의 의미이다. prekshitebhyaḥ는 남성 명사 prekshita(사전에는 prekṣta) '관(觀)', '목시(目視)', '첨시(瞻視)', 중성 명사로서 '일견(一見)', '주시(注視)'의 복수 여격형, 탈격형이다. 여격이 속격처럼 쓰이는 것에 대하여는 파니니 문법 1.4.32를 참조할 수 있다.

312. 薩皤什皤梨弊泮

살바지바리뱌반

sarva · jvarebhyaḥ · phaṭ

모든 열병귀들의 주문,

sarva는 형용사로서 '모든', '전체의', '일체의', '각각의' 등의 뜻을 지니고, 한역으로는 '일체', '개(皆)'의 의미이며, 음사로는 '살리전(薩哩嚩)'이 된다. 남성 단수 명사로는 '각인(各人)', 복수로서는 '전원(全員)'의 뜻을 가진다. 또, 중성 단수 명사로서는 '만사(萬事)'의 뜻이 있다. sarva에 대하여는 3을 참조할 수 있다. jvarebhyaḥ는 남성 명사 jvara '열', '고통', '비탄'의 복수 여격형, 탈격형이다. 여격이 속격처럼 쓰이는 것에 대하여는 파니니 문법 1.4.32를 참조할 수 있다.

313. 薩皤阿波薩麼嚟弊泮

살바아파살마리뱌반

sarva · apasmārebhyaḥ · phaṭ

모든 양두여고귀(羊頭女孤鬼)들의 주문,

sarva는 형용사로서 '모든', '전체의', '일체의', '각각의' 등의 뜻을 지니고, 한역으로는 '일체(一切)', '개(皆)'의 의미이며, 음사로는 '살리전(薩哩囀)'이 된다. 남성 단수 명사로는 '각인(各人)', 복수로서는 '전원(全員)'의 뜻을 가진다. 또, 중성 단수 명사로서는 '만사(萬事)'의 뜻이 있다. sarva에 대하여는 3을 참조할 수 있다. apasmārebhyaḥ는 남성 명사 apasmāra '의식 상실', '빙의(憑依)', '전질(顚疾)', '아라한(阿羅漢)'의 복수 여격형, 탈격형이다. 여격이 속격처럼 쓰이는 것에 대하여는 파니니 문법 1.4.32를 참조할 수 있다.

314. 薩波奢羅皤拏弊泮

살바사라바나뱌반

sarva · śrāvanebhyaḥ · phaṭ

모든 성문(聲聞)들의 주문,

sarva는 형용사로서 '모든', '진체의', '일체의', '각각의' 등의 뜻을 지니고, 한역으로는 '일체(一切)', '개(皆)'의 의미이며, 음사로는 '살리전(薩哩囀)'이 된다. 남성 단수 명사로는 '각인(各人)', 복수로서는 '전원(全員)'의 뜻을 가진다. 또, 중성 단수 명사로서는 '만사

(萬事)'의 뜻이 있다. sarva에 대하여는 3을 참조할 수 있다. śrāvanebhyaḥ는 남성 명사 śrāvanark(사전에는 śrāvaṇa) '명성', '평판', '문(聞)', '청(廳)', '청문(聽聞)'의 복수 여격형, 탈격형이다. 여격이 속격처럼 쓰이는 것에 대하여는 파니니 문법 1.4.32를 참조할 수 있다.

315. 薩嚩底㗚耻階弊泮

살바디리티계뱌반

sarva · tirthikebhyaḥ · phaṭ

모든 외도사(外道士)들의 주문,

sarva는 형용사로서 '모든', '전체의', '일체의', '각각의' 등의 뜻을 지니고, 한역으로는 '일체(一切)', '개(皆)'의 의미이며, 음사로는 '살리전(薩哩囀)'이 된다. 남성 단수 명사로는 '각인(各人)', 복수로서는 '전원(全員)'의 뜻을 가진다. 또, 중성 단수 명사로서는 '만사(萬事)'의 뜻이 있다. sarva에 대하여는 3을 참조할 수 있다. tirthikebhyaḥ는 남성 명사 tirthika(사전에는 tīrthika)의 복수 여격형, 탈격형이다. tīrthika는 남성 명사로서 '자종(自宗) 이외의 종지(宗旨)를 신앙(信仰)하는 자'이며 한역으로는 '사학(邪學)', '외도(外道)', '외학(外學)', '외도사(外道師)'이다. 여격이 속격처럼 쓰이는 것에 대하여는 파니니 문법 1.4.32를 참조할 수 있다.

316. 薩菩怛波提弊泮

살본다바데뱌반

sarvonmadebhyaḥ · phaṭ
모든 광란귀(狂亂鬼)들의 주문,

sarva는 형용사로서 '모든', '전체의', '일체의', '각각의' 등의 뜻을 지니고, 한역으로는 '일체', '개(皆)'의 의미이며, 음사로는 '살리전(薩哩嚩)'이 된다. 남성 단수 명사로는 '각인(各人)', 복수로서는 '전원(全員)'의 뜻을 가진다. 또, 중성 단수 명사로서는 '만사(萬事)'의 뜻이 있다. sarva에 대하여는 3을 참조할 수 있다. unmade-bhyaḥ는 남성 명사로서 '광기', '광포', '도취', '격정'의 뜻이 있고, 형용사로서 '광포한', '광기의'의 뜻이 있는 unmāda의 복수 여격형, 탈격형이다.[90] 여격이 속격처럼 쓰이는 것에 대하여는 파니니 문법 1.4.32를 참조할 수 있다.

317. 薩皤微地也囉誓遮黎弊泮
살바비디야라서차리뱌반
sarva vidyā · rājacarebhyaḥ · phaṭ
모든 명주(明呪)를 지닌 자들의 주문,

sarva는 형용사로서 '모든', '전체의', '일체의', '각각의' 등의 뜻을 지니고, 한역으로는 '일체', '개(皆)'의 의미이며, 음사로는 '살리전(薩哩嚩)'이 된다. 남성 단수 명사로는 '각인(各人)', 복수로서는 '전원(全員)'의 뜻을 가진다. 또, 중성 단수 명사로서는 '만사(萬事)'

90) 산스크리트 문법은 連聲法에서 a, ā+u, ū=o이다. 이에 대하여는 『산스끄리뜨의 기초와 실천』(1993) p. 30 참조.

의 뜻이 있다. sarva에 대하여는 3을 참조할 수 있다. vidyā는 여성 명사로서 '지식', '학문', '학술', '주법(呪法)', '주술(呪術)', '주문(呪文)', '명주(明呪)'(불교에서)의 뜻이며 한역으로는 '혜(慧)', '해(解)', '식(識)', '명료(明了)', '명(明)', '술(術)', '명술(明術)'이다. rājacarebhyaḥ는 문법적으로 남성 명사 rājacara의 복수 여격형, 탈격형이다. 그러나 rājacara는 사전에 보이지 않는다. 참고로 말하면 rāj는 남성 명사로서 '왕(王)'의 의미이며 rāja는 '왕'과 관계가 있는 의미를 가지게 된다. 여격이 속격처럼 쓰이는 것에 대하여는 파니니 문법 1.4.32를 참조할 수 있다.

318. 闍耶羯囉摩度羯囉
사야가라마도가라
jaya-kara madhu-kara
승리한 자, 꿀을 만드는 자들 및

jaya는 형용사로서 '쳐 이기는'의 뜻이다. 남성 명사로서는 '승리', '정복〔태양의 칭〕; 성선(聖仙)·Indra 신의 아들·Viṣṇu 신의 종복(從僕)' 등의 뜻이 있다. kara는 형용사로서 '하는', '야기하는', '행하는', '생기는'의 뜻이며 한역으로는 '발(發)', '작(作)', '소작(小作)'이다. 남성 명사로서는 '하는 것', '만드는 것', '손', '(코끼리의) 코'의 뜻이다. madhu는 형용사로서 '단', '맛있는', '매력 있는'의 뜻이며, 남성 명사로서는 '봄', '일년 최초의 달의 이름', 중성 명사로서는 '감로(甘露)', '밀봉주(蜜蜂酒)'의 뜻이고 한역으로는 '꿀', '석밀(石蜜)', '소밀(蘇蜜)'이다.

319. 薩婆囉他娑陁鷄弊泮
살바라타사다계뱌반
sarva artha sādhakebhyaḥ · phaṭ
모든 이익을 성취하고자 하는 자들의 주문,

sarva는 형용사로서 '모든', '전체의', '일체의', '각각의' 등의 뜻을 지니고, 한역으로는 '일체', '개(皆)'의 의미이며, 음사로는 '살리전(薩哩囀)'이 된다. 남성 단수 명사로는 '각인(各人)', 복수로서는 '전원(全員)'의 뜻을 가진다. 또, 중성 단수 명사로서는 '만사(萬事)'의 뜻이 있다. sarva에 대하여는 3을 참조할 수 있다. artha는 남성 명사로서 '목적', '원인', '동기', '이익', '이용', '유용', '이득', '재산', '부'의 의미가 있다. sādhakebhyaḥ는 남성 명사 sādhaka의 복수 여격형, 탈격형이다. sādhaka는 형용사로서 '완성하는', '내놓는', '열매 맺는', '효과 있는', '유효한'의 의미를 갖는데 한역으로는 '성(成)', '작(作)'이며 남성 명사로서는 '조수(助手)', '숭배자', '마술사'이고 한역으로는 '수습사(修習士)', '수법자(修法者)'이다. 여격이 속격처럼 쓰이는 것에 대하여는 파니니 문법 1.4.32를 참조할 수 있다.

320. 微地也遮唎曳弊泮
비디아차리예뱌반
vidyā · carebhyaḥ · phaṭ
명주(明呪)를 행하는 자들의 주문,

vidyā는 여성 명사로서 '지식', '학문', '학술', '주법(呪法)', '주술(呪術)', '주문(呪文)', '명주(明呪)'(불교에서)의 뜻이며 한역으로는 '혜(慧)', '해(解)', '식(識)', '명료(明了)', '명(明)', '술(術)', '명술(明術)'이다. cara는 형용사로서 '움직이는', '가는', '걷는', '행동하는', '생존하는'의 의미가 있으며 한역으로는 '행(行)', '거(居)'이다. 남성 명사로서는 '밀사', '탐정'이다. carebhyaḥ는 남성 명사 cara의 복수 여격형, 탈격형이다. 여격이 속격처럼 쓰이는 것에 대하여는 파니니 문법 1.4.32를 참조할 수 있다.

321. 者咄囉南薄祁你弊泮

자도라남바기니뱌반

caturāṃ bhāginībhyaḥ · phaṭ

사자매여신(四姉妹女神)들의 주문,

caturāṃ은 남성 명사, 중성 명사 복수로서 '4'인 catur의 복수 여격형, 탈격형이다. 여격이 속격처럼 쓰이는 것에 대하여는 파니니 문법 1.4.32를 참조할 수 있다. bhāginībhyaḥ는 여성 명사 bhāginī '자매(姉妹)'의 여격형, 탈격형이다.

322. 跋折囉俱摩唎迦弊泮

바절라구마리가뱌반

vajra kaumarībhyaḥ · phaṭ

금강동여신(金剛童女神)들의 주문,

vajra는 남성 명사 또는 중성 명사로서 '뇌전(雷電), 특히 Indra 신의 뇌전 또는 금강저(金剛杵) 신의 칭(稱)', '금강석(金剛石)'의 의미를 가지며, 한역으로는 '금강(金剛)', '금강저(金剛杵)', '벽력(霹靂)'이다. kaumarībhyaḥ는 여성 명사, kaumarī(사전에는 kaumārī) '인격화한 군신(軍神)의 여성적 세력'의 복수 여격형, 탈격형이다. 여격이 속격처럼 쓰이는 것에 대하여는 파니니 문법 1.4.32를 참조할 수 있다.

323.[91] 跋折囉俱藍陁梨弊泮
바절라구람다리뱌반
vajra kulandaribhyaḥ · phaṭ
그 시녀들의 주문,

vajra는 남성 명사 또는 중성 명사로서 '뇌전(雷電), 특히 Indra 신의 뇌전 또는 금강저(金剛杵) 신의 칭(稱)', '금강석(金剛石)'의 의미를 가지며, 한역으로는 '금강(金剛)', '금강저(金剛杵)', '벽력(霹靂)'이다. kulandaribhyaḥ는 문법적으로는 kulandarī의 복수 여격형, 탈격형이다. kulandarī는 사전에 보이지 않는다. 여격이 속격처럼 쓰이는 것에 대하여는 파니니 문법 1.4.32를 참조할 수 있다.

324. 微地也囉闍弊泮
비디야라사뱌반
vidyā · rājabhyaḥ · phaṭ

91) 323은 중국본에는 없다.

명주여왕신(明呪女王神)의 주문,

vidyā는 여성 명사로서 '지식', '학문', '학술', '주법(呪法)', '주술(呪術)', '주문(呪文)', '명주(明呪)'(불교에서)의 뜻이며 한역으로는 '혜(慧)', '해(解)', '식(識)', '명료(明了)', '명(明)', '술(術)', '명술(明術)'이다. rājabhyaḥ는 문법적으로는 남성 명사 rājan '왕'의 복수 여격형, 탈격형이다. 이에 대하여는 171 참조. 여격이 속격처럼 쓰이는 것에 대하여는 파니니 문법 1.4.32를 참조할 수 있다.

325. 摩訶鉢囉登耆嚟弊泮
마하바라등기리뱌반
mahā · pratyaṅgirebhyaḥ[92] · phaṭ
대조복자(大調伏者)들의 주문,

mahā는 형용사로서 '크다'의 의미이며 대격으로는 mahām이다. '대(大)', '광대(廣大)', '거(巨)'로 한역된다. pratyaṅgirebhyaḥ는 문법적으로는 pratyaṅgira의 복수 여격형, 탈격형이다. 사전에는 pratyaṅgiras가 나오는데 이는 남성 명사로서 '어떤 신화적 인물의 이름의 명칭'이다. 70과 같음. 여격이 속격처럼 쓰이는 것에 대하여는 파니니 문법 1.4.32를 참조할 수 있다.

---

92) 淸光寺本에는 pratyaṅgirāṃ이 '具力', '佛의 異名'으로 되어 있다. 327에서도 마찬가지이다. 70 참조

326. 跋折囉商羯囉夜泮
바절라샹가라야반
vajra · śriṅkhalāya phaṭ
금강쇄(金剛鎖)의 주문,

vajra는 남성 명사 또는 중성 명사로서 '뇌전(雷電), 특히 Indra 신의 뇌전 또는 금강저(金剛杵) 신의 칭(稱)', '금강석(金剛石)'의 의미를 가지며, 한역으로는 '금강(金剛)', '금강저(金剛杵)', '벽력(霹靂)'이다. śriṅkhalāya는 여성 명사인 śṛiṅkhalā '쇄(鎖)'의 속격형이다. 문법적으로 정확한 속격형은 śriṅkhalāyāḥ이다.

327. 鉢囉等祁囉囉闍耶泮
바라등기라라사야반
pratyaṅgira rājāya phaṭ
조복왕(調伏王)의 주문,

pratyaṅgiras가 나오는데 이는 남성 명사로서 '어떤 신화적 인물의 이름의 명칭'이다. 70과 같음. rājāya는 사전에 '왕의 역할을 하는 것'으로 되어 있다.

328. 摩訶揭囉耶泮
마하가라야반
mahā · kālāye · phaṭ
대흑천신(大黑天神)의 주문,

mahā는 형용사로서 '크다'의 의미이며 대격으로는 mahām이다. '대', '광대', '거(巨)'로 한역된다. kālī는 여성 명사로서 '흑색', 남성 명사로서 '독사'이다. 여성 명사 kālī의 속격형은 문법적으로 kāliyāḥ이다.

329\. 摩訶摩怛哩伽拏耶泮

마하마다리가나야반

maha · mātri · gaṇāya phaṭ

그의 대신비(大神妃)들의 주문,

mahā는 형용사로서 '크다'의 의미이며 대격으로는 mahām이다. '대', '광대', '거(巨)'로 한역된다. 사전에 mātri는 없고 mātrikā가 보이는데 이는 여성 명사로서 '량(量)', '크기'의 뜻이다. gaṇāya는 남성 명사 gaṇa '군중', '대중', '다수'의 여격형이다. 여격형이 속격과 같이 쓰이는 것에 대하여는 파니니 문법 1.4.32 참조.

330\. 娜牟塞揭哩多耶泮

나무색가리다야반

namas kritāya phaṭ

정례 · 귀명하는 자들의 주문,

namas는 중성 명사로서 '머리를 조아리는 것', '경례', '귀명(歸命)'(언어 또는 태도에 대하여)의 뜻이 있고 때로는 여격과 더불어 감탄사로 사용되고 한역으로는 '귀의', '귀명(歸命)', '례(禮)', '경례',

‘귀례(歸禮)’의 뜻이 있다. 음사로서는 ‘남무’, ‘나모(那謨)’, ‘나모(南謨)’, ‘나모(那莫)’가 된다. 어근 Kṛ는 ‘짓다’, ‘하다’, ‘실행하다’ 등과 관련이 있다.

331. 毘瑟拏尾曳泮
비시나비예반
vishṇaviye phaṭ
비슈누 신(神)의 주문,

vishṇu(사전에는 viṣṇu)는 남성 명사로서 ‘천계의 신(태양의 일면의 신격화)의 이름’, ‘Indra 신의 반려’의 뜻이다. 문법에 따르면 viṣṇu의 속격형은 viṣṇoḥ가 되어야 한다. -u로 끝나는 어간 명사의 격변화를 보면 다음과 같다.

(14) -u로 끝나는 어간 명사

	guru m. ‘스승’	dhenu f. ‘암소’	madhu n. 꿀
		Sg.	
N.	guruḥ	dhenuḥ	madhu
Ac.	gurum	dhenum	madhu
Ins.	guruṇā	dhenvā	madhunā
D.	gurave	dhenvai, dhenave	madhune
Ab.	guroḥ	dhenvāḥ, dhenoḥ	madhunaḥ
G.	*guroḥ*	dhenvāḥ, dhenoḥ	madhunaḥ
L.	gurau	dhenvām, dhenau	madhuni
V.	guro	dheno	madhu

		Du.	
N. Ac V.	gurū	dhenū	madhunī
Ins.D.Ac.	gurubhyām	henubhyām	madhubhyām
G. L.	gurvoḥ	dhenvoḥ	madhunoḥ

		Pl.	
N.	guravaḥ	dhenavaḥ	madhūni
Ac.	gurūn	dhenūḥ	madhūni
Ins.	gurubhiḥ	dhenubhiḥ	madhubhiḥ
D.	gurubhyaḥ	dhenubhyaḥ	madhubhyaḥ
Ab.	gurubhyaḥ	dhenubhyaḥ	madhubhyaḥ
G.	gurūṇām	dhenūnām	madhūnām
L.	guruṣu	dhenuṣu	madhuṣu
V.	guravaḥ	dhenavaḥ	madhūni

332. 皤囉唅摩尼曳泮
바라흠마니예반
brahmaṇiye phaṭ
범천(梵天)의 주문,

brahman은 남성 명사로서 '성지(聖智)로 가득찬 자', '바라문', '제관 특히 제사 의식을 총람하는 제관'이다. 음사로는 '범천(梵天)', '범왕(梵王)', '대범왕(大梵王)', '범천왕(梵天王)'이다. brahman의 속격형은 문법대로라면 brahmanaḥ이다. 참고로 -man으로 끝나는 중성 명사와 남성 명사의 격변화를 보이면 아래와 같다.

(15) nāman n. '이름'

	Sg.	Du.	Pl.
N.Ac.	nāma	nāmnī	nāmāni
		nāmanī	
Ins.	nāmnā	nāmabhyām	nāmabhiḥ
D.	nāmne	nāmabhyām	nāmabhyaḥ
Ab.	nāmnaḥ	nāmabhyām	nāmabhyaḥ
G.	nāmnaḥ	nāmnoḥ	nāmnām
L.	nāmni	nāmnoḥ	nāmasu
	nāmani		
V.	nāma	nāmnī	nāmāni
	nāman		

(16) ātman m. '자아'

	Sg.	Du.	Pl.
N.	ātmā	ātmānau	ātmānaḥ
Ac.	ātmānam	ātmānau	ātmanaḥ
Ins.	ātmanā	ātmabhyām	ātmabhiḥ
D.	ātmane	ātmabhyām	ātmabhyaḥ
Ab.	ātmanaḥ	ātmabhyām	ātmabhyaḥ
G.	ātmanaḥ	ātmanoḥ	ātmanām
L.	ātmani	ātmanoḥ	ātmasu
V.	ātman	ātmānau	ātmānaḥ

333. 阿祁尼曳泮

아기니예반

agnaye phaṭ

화신(火神)의 주문,

agni는 남성 명사로서 '불', '화재', 'Agni 신'의 뜻이며 한역으로는 '화(火)', '연(燃)'이다. agnaye는 남성 명사 agni의 여격형이다. -i로 끝나는 남성 명사의 격변화에 대하여는 58 참조. 여격형이 속격과 같이 쓰이는 것은 파니니 문법 1.4.32에서 참조할 수 있다.

334. 摩訶迦哩曳泮

마하가리예반

mahā kāliye phaṭ

대흑색녀신(大黑色女神)의 주문,

mahā는 형용사로서 '크다'의 의미이며 대격으로는 mahām이다. '대', '광대', '거(巨)'로 한역된다. 여성 명사 kālī는 '암청색', '흑색'의 의미이다. -ī로 끝나는 단음절 어간의 여격형은 -iye 또는 -iyai이다. kālī는 다음절어이다. 참고로 -ī, -ū로 끝나는 다음절어의 격변화를 보이는 아래와 같다.

(17) nadī f. '강'　　vadhū f. '여자'

		Sg.	
N.	nadī		vadhūḥ
Ac.	nadīm		vadhūm
Ins.	nadyā		vadhvā
D.	*nadyai*		vadhvai
Ab.	nadyāḥ		vadhvāḥ
G.	nadyāḥ		vadhvāḥ
L.	nadyām		vadhvām
V.	nadi		vadhu
		Du.	
N. Ac.V.	nadyau		vadhvau
Ins. D. Ab.	nadībyām		vadhūbhyām
G. L.	nadyoḥ		vadhvoḥ
		Pl.	
N.	nadyaḥ		vadhvaḥ
Ac.	nadīḥ		vadhūḥ
Ins.	nadībhiḥ		vadhūbhiḥ
D.	nadībhyaḥ		vadhūbhyaḥ
Ab.	nadībhyaḥ		vadhūbhyaḥ
G.	nadīnā		vadhūnām
L.	nadīṣu		vadhūṣu
V.	nadyaḥ		vadhvaḥ

335. 迦囉檀特曳泮

가라단특예반

kāla · daṇḍiye phaṭ

사신(死神)의 주문,

kāla는 남성 명사로서 한역으로는 '흑색'이다. 사전에 따르면 daṇḍa는 남성 명사로서 '막대기', '봉(棒)', '무력', '형벌'의 의미이다. daṇḍiye는 여격형으로 쓰인 것으로 보인다. 여격형이 속격과 같이 쓰이는 것은 파니니 문법 1.4.32 참조.

336. 瞖泥哩曳泮
예니리예반
indrāya phaṭ[93]
인드라 신(神)의 주문,

Indra는 남성 명사로서 'indra 신', '제석천(帝釋天)'이다. indrāya는 indra의 여격형이다. 여격형이 속격과 같이 쓰이는 것은 파니니 문법 1.4.32 참조.

337. 遮文遲曳泮
차문디예반
cāmundiye phaṭ
차문다 신(神)의 주문,

사전에는 남성 명사 cāmuṇḍa는 '저작자의 이름', 여성 명사 cāmuṇḍā는 'Durgā의 형상(形相)'이다. -iye는 문법대로는 단음절 -ī로 끝나는 여성 명사의 여격형이다.

---

93) 중국본에서는 여기에 mātriye phaṭ '마트리 여신의 呪文'이 대치된다.

338. 嘮怛哩曳泮
로다리예반
rudrāya phaṭ
루드라 신(神)의 주문,

rudrāya는 남성 명사 rudra '폭풍의 신'의 여격형이다. 여격형이 속격과 같이 쓰이는 것은 파니니 문법 1.4.32를 참조할 수 있다.

339. 迦羅怛哩曳泮
가라다리예반
kāla · rātriye phaṭ
흑야신(黑夜神)의 주문,

kāla는 남성 명사로서 한역으로는 '흑색'이다. rātriye는 여성 명사 rātrī '밤'의 여격형이다. 여격형이 속격형과 같이 쓰이는 것은 파니니 문법 1.4.32를 참조할 수 있다.

340. 迦波嚟曳泮
가파리예반
kāpāliye phaṭ
촉루신(髑髏神)의 주문,

kāpāliye는 여성 명사 kāpālī '두개골'의 여격형이다. 여격형이 속격과 같이 쓰이는 것은 파니니 문법 1.4.32를 참조할 있다.

341. 阿地目枳多迦尸麼舍那皤悉你曳泮
아디목지다가시마샤나바시니예반
adhimuktaga · śmaśāna vāsiniye phaṭ
아디무크타 신의 묘소에서 즐겨 살고 있는 여신군(女神群)들의 주문,

adhimuktaga는 사전에 보이지 않고 adhimukta가 보이는데 이는 과거수동분사로서 '신용하는', '확신하는', '전념하는', '몰입하는', '열심인'의 뜻이며 한역으로는 '신(信)', '해(解)', '신해(信解)', '승해(勝解)', '신자(信者)'이다. 참고로 말하면 adhi는 부사로서 '위에' , '안에'의 뜻이고 mukti는 여성 명사로서 '해방', '구제(救濟)', '방기(放棄)'의 뜻이다. 다른 뜻으로는 Samādhi의 이름으로 되어 있다. śmaśāna는 중성 명사로서 '매장지', '화장지', '묘지'의 뜻이데 한역으로는 '총묘(塚墓)', '총간(塚間)', '시림(尸林)', '시다림(尸陀林)', '화장장(火葬場)'이다. 사전에 vāsiniye은 보이지 않고 vāsin이 보이는데 이는 형용사로서 '(內에, 사이에) 채재하는 · 거주하는 · 사는'의 뜻이고 한역으로는 '거주(居住)', '거재(居在)'이다.

342. 曳髻者那薩怛薩怛皤
예계쟈나살다살다바
iye kācit[94] sattvas(mama ittāṃ mamāsya)!
이들의 어떤 주문들이라도 모두 파멸시킬 유정(有情)

94) 淸光寺本에는 이 부분이 ye kecit로 대치되어 있고 '누구든지', '무엇이든지', '각각'으로 풀이되어 있다.

인 이 나를 위하여 수호하여 주소서!

iye는 사전에 보이지 않는다. kācit 역시 사전에 나타나지 않는다. sattva는 중성 명사로서는 '유(有)', '존재', '실재', '본질', '생명'의 뜻이며 '유(有)', '희(喜)', '정(情)'으로 한역된다. mama는 사전에 따르면 1인칭 대명사 mad의 속격형이다. ittāṃ은 사전에 없고 itthā가 보이는데 이는 부사로서 '이와 같이', '이처럼', '실로', '진정으로'의 뜻이다. 참고로 1인칭 대명사 mad의 어미를 보이면 다음과 같다.

(18) 1인칭. Sg. mad, Pl. asmad.

	Sg.	Du.	Pl.
N.	aham	āvām	vayam
Ac.	mām	āvām	asmān
Ins.	māya	āvābhyām	asmābhiḥ
D.	mahyam	āvābhyām	asmabhyam
Ab.	mat	āvābhyām	asmat
G.	*mama*	āvayoḥ	asmākam
L.	mayi	āvayoḥ	asmāsu

《능엄주 제5회》[95]

343. 突瑟吒質多

도시다짇다

Dushṭa · cittaḥ

악심(惡心),

Dushṭa는 Duṣ의 과거수동분사로서 한역으로는 '악(惡)', '악성(惡性)', '악심(惡心)', '극악(極惡)'이다. 남성 명사로서는 '악한(惡漢)', '무뢰한(無賴漢)'이며, 중성 명사로서는 '죄(罪)', '죄과(罪過)'이고 한역으로는 '과(過)', '악사(惡事)'이다. citta는 중성 명사로서 '주의', '사고(思考)', '사상', '목적', '의지', '이성'의 뜻이며 한역으로는 '식(識)', '심(心)', '의(意)', '사(思)'이다.

344. 嘮持囉質多

로지라짇다

raudra · cittaḥ

포악심(暴惡心) 등이 있는

raudra는 형용사로서 'Rudra에 속하는', 'Rudra에 관한', '맹렬한', '공포스러운'의 뜻이며 한역으로는 '악', '흉악', '흉포', '포악'이다. 남성 명사로서는 'Rudra 신의 숭배자', 중성 명사로서는 '야만

95) 釋仁基(1989)에 따르면 제5회는 '文殊弘傳會'에서 설하여진다.

(野蠻)', '분노(憤怒)'의 뜻이다. citta는 중성 명사로서 '주의', '사고', '사상', '목적', '의지', '이성'의 뜻이며 한역으로는 '식(識)', '심(心)', '의(意)', '사(思)'이다.[96]

345. 烏闍訶囉
오사하라
oj'āhāra
식생기귀(食生氣鬼),

ojas는 중성 명사로서 '힘', '능력', '권위', '세(勢)'의 뜻이며 한역으로는 '정기(精氣)', '기력(氣力)', '신(神)'이다. -as+ā가 o+ā가 되는 것은 연성법(連聲法)에 의한다. āhāra는 남성 명사로서 '식물(食物)', '양식(糧食)', '음식(飮食)', '소식(所食)', '감미(甘味)'의 뜻이다.

346. 揭皤訶囉
가바하라
garbh'āhāra
식태아귀(食胎兒鬼),

garbha는 남성 명사로서 '자궁', '태아', '영아', '소아(小兒)', '자손', '수태(受胎)', '아(芽)'이며 한역으로는 '내(胎)', '포태(胞胎)'이다. āhāra는 남성 명사로서 '식물(食物)', '양식(糧食)', '음식(飮食)', '소

96) 중국본에는 여기에 amitra cittaḥ '無慈悲心을 지니고 있는'이 첨가된다.

식(所食)', '감미(甘味)'의 뜻이다.

347. 嘮地囉訶囉

로디라하라

rudhir'āhāra

식혈귀(食血鬼),

rudhir는 형용사로서는 '붉은'의 뜻이고 남성 명사로서는 '화성(火星)', 중성 명사로서는 '피'이다. 한역 역시 '피'(血)이다. āhāra는 남성 명사로서 '식물(食物)', '양식(糧食)', '음식(飮食)', '소식(所食)', '감미(甘味)'의 뜻이다.

348. 摩娑訶囉

망사하라

māms'āhāra

식육귀(食肉鬼),

māmsa(사전에는 māṃsa)는 중성 단수, 복수 명사로서 '육(肉)', '동물질의 식물(食物)'의 뜻이며 '육(肉)', '신육(身肉)', '(皮)육(肉)'으로 한역된다. āhāra는 남성 명사로서 '식물(食物)', '양식(糧食)', '음식(飮食)', '소식(所食)', '감미(甘味)'의 뜻이다.

349. 摩杜訶囉

마두하라

majj'āhāra[97]

식골수귀(食骨髓鬼),

majj'의 원형인 majja는 사전에 보이지 않고 majjan이 보이는데 이는 남성 명사로서 '수(髓)', '(초목의) 수(髓)', '머리의 비듬'의 뜻이 있고 한역으로는 '수(髓)', '골수(骨髓)'이다. āhāra는 남성 명사로서 '식물(食物)', '양식(糧食)', '음식(飮食)', '소식(所食)', '감미(甘味)'의 뜻이다.

350. 杜多訶囉

두다하라

jat'āhāra

식생아귀(食生兒鬼),

jata(사전에는 jāta)는 남성 명사로서 '자식', '생물', 중성 명사로서 '생물', '탄생', '종족'의 의미이다. āhāra는 남성 명사로서 '식물(食物)', '양식(糧食)', '음식(飮食)', '소식(所食)', '감미(甘味)'의 뜻이다.

351. 視微多訶囉

시비다하라

jivit'āhāra

식수명귀(食壽命鬼),

97) 중국본에서는 이 부분이 vas'āhāra '食產鬼'로 대치된다.

jivita(사전에는 jīvita)는 중성 명사로서 '생물(生物)', '생명(生命)', '생활 기간'의 뜻이며 한역으로는 '명(命)', '생명', '수(壽)'이다. āhāra는 남성 명사로서 '식물(食物)', '양식(糧食)', '음식(飮食)', '소식(所食)', '감미(甘味)'의 뜻이다.

352. 皤略耶訶囉
바랴야하라
baly · āhāra
식공물귀(食供物鬼),

baly(사전에는 bali)는 남성 명사로서 '세', '조세', '공(貢)', '공양(供養)'의 뜻이며 한역으로는 '시식(施食)', '제(祭)'이다. āhāra는 남성 명사로서 남성 명사로서 '식물(食物)', '양식(糧食)', '음식(飮食)', '소식(所食)', '감미(甘味)'의 뜻이다.

353. 健陁訶囉
간다하라
gandh'āhāra
식향훈귀(食香薰鬼),

gandha는 남성 명사로서 '향기', '방향(芳香)', '향훈(香薰)'의 뜻이며 '향(香)', '기(氣)'로 한역된다. āhāra는 남성 명사로서 '식물(食物)', '양식(糧食)', '음식(飮食)', '소식(所食)', '감미(甘味)'의 뜻이다.

354. 布瑟波訶囉

포시파하라

pushp'āhāra

식화귀(食花鬼),

pushpa(사전에는 puṣpa)는 중성 명사로서 '꽃', '월경(月經)', '꽃다운 말', '부인에 대한 은근', '사랑의 고백'의 뜻이며 한역으로는 '화(花)', '화(華)'이다. āhāra는 남성 명사로서 '식물(食物)', '양식(糧食)', '음식(飮食)', '소식(所食)', '감미(甘味)'의 뜻이다.

355. 破囉訶囉

파라하라

phal'āhāra

식과실귀(食果實鬼),

phala는 중성 명사로서 '과실(果實)', '보수(報酬)', '이익', '이득', '보복(報復)', '벌'의 뜻이며 한역으로는 '과(果)', '과실(果實)', '과보(果報)'이다. āhāra는 남성 명사로서 '식물(食物)', '양식(糧食)', '음식(飮食)', '소식(所食)', '감미(甘味)'의 뜻이다.

356. 薩寫訶囉

사샤하라

sasy'āhāra

식곡물귀(食穀物鬼) (등의 재앙),

sasya는 중성 명사로서 '수확', '곡물', '곡립(穀粒)', '과물(果物)', '농산물'의 뜻이며 한역으로는 '팥', '곡식'이다. āhāra는 남성 명사로서 '식물(食物)', '양식(糧食)', '음식(飮食)', '소식(所食)', '감미(甘味)'의 뜻이다.

357. 波波質多突瑟吒質多
파파질다도시다질다
pāpa · cittaḥ · dushṭa · cittaḥ
또 죄악심, 악심,

pāpa는 형용사로서 '유해한', '악한', '사악한', '범죄의'의 뜻이며 중성 명사로서는 '해악', '해', '사악', '범죄', '악행', '죄'의 뜻이다. 한역으로는 '악', '죄악', '죄', '불선(不善)'이다. Dushṭa는 Duṣ의 과거수동분사로서 한역으로는 '악(惡)', '악성(惡性)', '악심(惡心)', '극악(極惡)'이다. 남성 명사로서는 '악한(惡漢)', '무뢰한(無賴漢)'이며, 중성 명사로서는 '죄(罪)', '죄과(罪過)'이고 한역으로는 '과(過)', '악사(惡事)'이다. citta는 중성 명사로서 '주의', '사고(思考)', '사상', '목적', '의지', '이성'의 뜻이며 한역으로는 '식(識)', '심(心)', '의(意)', '사(思)'이다.

358. 嘮陁羅質多
로다라질다
raudra · cittaḥ
포악심(暴惡心) 등이 있는

raudra는 형용사로서 'Rudra에 속하는', 'Rudra에 관한', '맹렬한', '공포스러운'의 뜻이며 한역으로는 '악', '흉악', '흉포', '포악'이다. 남성 명사로서는 'Rudra 신의 숭배자', 중성 명사로서는 '야만(野蠻)', '분노(憤怒)'의 뜻이다. citta는 중성 명사로서 '주의', '사고(思考)', '사상', '목적', '의지', '이성'의 뜻이며 한역으로는 '식(識)', '심(心)', '의(意)', '사(思)'이다.

359. 陁囉質多藥叉揭囉訶

다라질다야차가라하

(ru)dra · cittaḥ yaksha · grahā

(진에)심〔(瞋恚)心〕 등이 있는 야차귀(夜叉鬼)의 재앙,

raudra는 형용사로서 'Rudra에 속하는', 'Rudra에 관한', '맹렬한', '공포스러운'의 뜻이며 한역으로는 '악', '흉악', '흉포', '포악'이다. 남성 명사로서는 'Rudra 신의 숭배자', 중성 명사로서는 '야만(野蠻)', '분노(憤怒)'의 뜻이다. citta는 중성 명사로서 '주의', '사고(思考)', '사상', '목적', '의지', '이성'의 뜻이며 한역으로는 '식(識)', '심(心)', '의(意)', '사(思)'이다. yaksha(사전에는 yakṣa)는 중성 명사로서 '나타남', '형태', '초자연적 존재', '요괴'의 뜻이며 남성 명사로서는 'Kubera 신의 종도(從者)'의 뜻이며, 한역으로는 '신', '귀신'의 뜻이며 음사로서는 '야차(夜叉)', '악차(藥叉)'이다. graha는 형용사로서 '잡는', '얻는', '지각(知覺)하는'의 의미이며, 남성 명사로는 '포착자(捕捉者)', '유성(流星)', '병마(病魔)', '강도(强盜)', '절도(竊盜)'의 뜻이고, 한역으로는 '별', '악성(惡星)'이다.

360. 囉剎娑揭囉訶喃

라찰사가라하남[98]

rāksha(sa) grahānāṃ[99]

나찰귀(羅刹鬼)들의 재난을

rākshasa(사전에는 rākṣasa)는 형용사로서 '악마에 속하는' 또는 '악마에 특유한', '악마의'의 뜻이며, 남성 명사로서는 '악마', '밤의 악마'의 뜻이고, 한역으로는 '악귀(惡鬼)', 음사로는 '나찰(羅刹)', '나찰사(羅刹娑)'이다. graha는 형용사로서 '잡는', '얻는', '지각(知覺)하는'의 의미이며, 남성 명사로는 '포착자(捕捉者)', '유성(流星)', '병마(病魔)', '강도(强盜)', '절도(竊盜)'의 뜻이고, 한역으로는 '별', '악성(惡星)'이다. grahānāṃ은 남성 명사 graha의 복수 속격형이다. 이에 대하여는 129 참조. 대격을 속격으로 표현하는 것에 대하여는 파니니 문법 2.3.54에 따른다.

361. 閉囇多揭囉訶毘舍遮揭囉訶

폐례다가라하비사차가라하

preta · grahā piśāca · grahā

아귀(餓鬼)의 재앙, 식시육귀(食屍肉鬼)의 재앙,

preta는 과거수동분사로서 '전방(前方)으로 간', '죽은'의 의미이고, 남성 명사로는 '사인(死人)', '사체(死體)', '망령(亡靈)'(특히 正規

98) 인용한 한글대장경에는 '喃'의 음 '남'이 빠져 있다.

99) 중국본에는 rāksha grahā '나찰신의 재앙'으로 되어 있다.

의 葬禮完了 이전의), '악령(惡靈)'의 뜻이며, 한역으로는 '영(靈)', '조부(祖父)', '조부귀(祖父鬼)'이다. graha는 형용사로서 '잡는', '얻는', '지각(知覺)하는'의 의미이며, 남성 명사로는 '포착자(捕捉者)', '유성(流星)', '병마(病魔)', '강도(强盜)', '절도(竊盜)'의 뜻이고, 한역으로는 '별', '악성(惡星)'이다. piśāca는 남성 명사로서 '시육(屍肉)을 먹는 것을 특징으로 하는 악귀(惡鬼)의 일종', '악귀(惡魔)'의 뜻이며, 한역으로는 '귀(鬼)', '신귀(神鬼)', '귀신(鬼神)', '귀매(鬼魅)', '식육(食肉)', '식혈육귀(食血肉鬼)'이다. 190과 191 참조.

362. 部多揭囉訶
　　부다가라하
　　bhūta · grahā
　　정령귀(精靈鬼)의 재앙,

bhūta는 남성 명사, 중성 명사로서 '신(神), 인(人), 동물(動物), 식물(植物)을 포함하는 존재물', '피창조물', '세계'의 뜻이며, 중성 명사로는 '괴물(怪物)', '정령(精靈)', '유령(幽靈)', '귀류(鬼類)'의 뜻이다. graha는 형용사로서 '잡는', '얻는', '지각(知覺)하는'의 의미이며, 남성 명사로는 '포착자(捕捉者)', '유성(流星)', '병마(病魔)', '강도(强盜)', '절도(竊盜)'의 뜻이고, 한역으로는 '별', '악성(惡星)'이다. 192와 같음.

363. 鳩槃茶揭囉訶
　　구반다가라하

kuṃbhāṇḍa · grahā

수궁부녀귀(守宮婦女鬼)의 재앙,

kumbhānda(사전에는 kumbhāṇḍa)는 남성 명사로서 '(甁 모양의 陰囊이 있는) 악귀', 'Asura Bāṇa의 대신(大臣)의 이름'의 뜻이며, 한역으로는 '병(甁)', '병란(甁卵)', '란복(卵腹)', '음낭(陰囊)'의 뜻이다. graha는 형용사로서 '잡는', '얻는', '지각(知覺)하는'의 의미이며, 남성 명사로는 '포착자(捕捉者)', '유성(流星)', '병마(病魔)', '강도(强盜)', '절도(竊盜)'의 뜻이고, 한역으로는 '별', '악성(惡星)'이다. 193과 같음.

364. 塞健陁揭囉訶

색간타가라하

skanda · grahā

소아병마귀(小兒病魔鬼)의 재앙,

skanda는 남성 명사로서 '뛰는 것', '유출(流出)', '적하(滴下)', '파괴(破壞)', '공격자(攻擊者)', '어린이 병마(病魔)의 수령(首領)'의 뜻이다. graha는 형용사로서 '잡는', '얻는', '지각(知覺)하는'의 의미이며, 남성 명사로는 '포착자(捕捉者)', '유성(流星)', '병마(病魔)', '강도(强盜)', '절도(竊盜)'의 뜻이고, 한역으로는 '별', '악성(惡星)'이다. 196과 같음.

365. 烏怛摩陁揭囉訶

오다마타가라하

unmāda · grahā

광병마(狂病魔)의 재앙,

unmāda는 남성 명사로서 '광기', '광포', '도취', '격정'의 뜻이며, 한역으로는 '전(顚)', '광병(狂病)', '미혹(迷惑)'의 뜻이고, 형용사로는 '발광(發狂)하는', '광기의'의 뜻이다. graha는 형용사로서 '잡는', '얻는', '지각(知覺)하는'의 의미이며, 남성 명사로는 '포착자(捕捉者)', '유성(流星)', '병마(病魔)', '강도(强盜)', '절도(竊盜)'의 뜻이고, 한역으로는 '별', '악성(惡星)'이다. 198과 같음.

366. 車夜揭囉訶

차야가라하

chāyā · grahā

영귀(影鬼)의 재앙,

chāyā는 여성 명사로서 '음(陰)', '영(影)', '상(像)', '반사(反射)', '광휘(光輝)', '색(色)', '미(美)', '우미(優美)'의 뜻이며, 한역으로는 '음(陰)', '영(影)', '영량(影量)'이다. graha는 형용사로서 '잡는', '얻는', '지각(知覺)하는'의 의미이며, 남성 명사로는 '포착자(捕捉者)', '유성(流星)', '병마(病魔)', '강도(强盜)', '절도(竊盜)'의 뜻이고, 한역으로는 '별', '악성(惡星)'이다. 199와 같음.

367. 阿波娑摩囉揭囉訶
아파사마라가라하
apasmāra · grahā
양두여고귀(羊頭女狐鬼)의 재앙,

apasmāra는 남성 명사로서 '의식의 상실', '빙의(憑依)'의 뜻이며 한역으로는 '전현(顚眩)', '전질(顚疾)', '작망자(作忘者)'이다. 음사로서는 '아라한(阿羅漢)'이다. graha는 형용사로서 '잡는', '얻는', '지각(知覺)하는'의 의미이며, 남성 명사로는 '포착자(捕捉者)', '유성(流星)', '병마(病魔)', '강도(强盜)', '절도(竊盜)'의 뜻이고, 한역으로는 '별', '악성(惡星)'이다.

368. 侘迦茶祁尼揭囉訶
타가다기니가라하
dāka · dākinī · grahā
압고여귀(壓蠱女鬼)의 재앙,

dāka(사전에는 ḍāka)는 남성 명사로서 '귀신(鬼神)의 일종'이다. Ḍākinī는 사전에 여성 명사로서 '(Kālī의 從者 가운데에서) 인육(人肉)을 먹는 귀녀(鬼女)의 일종'으로 나와 있다. 음사로는 '다가녀(荼加女)'이다. graha는 형용사로서 '잡는', '얻는', '지각(知覺)하는'의 의미이며, 남성 명사로는 '포착자(捕捉者)', '유성(流星)', '병마(病魔)', '강도(强盜)', '절도(竊盜)'의 뜻이고, 한역으로는 '별', '악성(惡星)'이다.

369. 嚟婆底揭囉訶

리파디가라하

revatī · grahā

여매(女魅)의 재앙,

revatī는 여성 복수 명사로서 '빈우(牝牛)', 단수 또는 복수로서 '월수(月宿)의 이름'의 의미이고, 한역으로는 '28수(宿)의 하나', '유관(流灌)'의 뜻이다. revatī-graha는 남성 명사로서 한역으로는 '여매(女魅)', '복행매(腹行魅)'이다. 200과 같음.

370. 闍弭迦揭囉訶

사미가가라하

jamikā · grahā

독수리 형귀(形鬼)의 재앙,[100]

jamikā는 사전에 보이지 않는다.[101] graha는 형용사로서 '잡는', '얻는', '지각(知覺)하는'의 의미이며, 남성 명사로는 '포착자(捕捉者)', '유성(流星)', '병마(病魔)', '강도(强盗)', '절도(竊盜)'의 뜻이고, 한역으로는 '별', '악성(惡星)'이다.

100) 이 부분은 187과 해석이 아주 흡사하다. 그러나 어휘는 서로 관련이 없어 보인다. 앞으로의 과제로 남는다.

101) 清光寺本에는 jāmikā가 '女神의 일종'이라고 되어 있으나 사전에 없기는 마찬가지이다.

371. 舍俱尼揭囉訶

사구니가라하

chāyā[102] · grahā

마형귀(馬形鬼)의 재앙,

chāyā는 사전에 따르면 여성 명사로서 '속', '음(陰)', '상(像)', '반사', '광휘'의 뜻이며 한역으로는 '음(陰)', '영(影)', '영량(影量)'이다. 혹 chāya는 chāyā와 같은 뜻으로 'Prakṛta 문구의 Saṃskṛta 번역'을 가리키기도 한다. graha는 형용사로서 '잡는', '얻는', '지각(知覺)하는'의 의미이며, 남성 명사로는 '포착자(捕捉者)', '유성(流星)', '병마(病魔)', '강도(强盜)', '절도(竊盜)'의 뜻이고, 한역으로는 '별', '악성(惡星)'이다.

372. 漫怛囉難提迦揭囉訶

만다라난디가가라하

mantra · nandikā · grahā

주희귀(呪喜鬼)의 재앙,

mantra는 남성 명사로서 '기도', '찬가', 'Veda 찬가', '제사', '주사(呪辭)'의 뜻이다. 한역으로는 '말', '언어', '사(辭)', '진언(眞言)', '주(呪)', '신주(神呪)'이다. nandikā는 남성 명사로서 '희(喜)', '난제(難提)'이다. graha는 형용사로서 '잡는', '얻는', '지각(知覺)하는'의

102) 중국본에는 śakuni grahā로 되어 있고 해석은 같다. śakuni는 '큰 새'의 의미이고 한역으로는 '鳥', '禽', '飛鳥'이다.

의미이며, 남성 명사로는 '포착자(捕捉者)', '유성(流星)', '병마(病魔)', '강도(强盜)', '절도(竊盜)'의 뜻이고, 한역으로는 '별', '악성(惡星)'이다.

373. 阿藍皤揭囉訶
아람바가라하
laṃvikā[103) · grahā
뱀 형귀(形鬼)의 재앙,

laṃvikā는 사전에 보이지 않는다.[104) graha는 형용사로서 '잡는', '얻는', '지각(知覺)하는'의 의미이며, 남성 명사로는 '포착자(捕捉者)', '유성(流星)', '병마(病魔)', '강도(强盜)', '절도(竊盜)'의 뜻이고, 한역으로는 '별', '악성(惡星)'이다.

374. 訶奴建度派尼揭囉訶
하노간도파니가라하
hanu · kaṇṭha · pāṇi · grahā
닭 형귀(形鬼)의 재앙,

hanu는 여성 명사로서 '아가미', '턱'의 의미이다. kaṇṭha는 남성 명사로서 '목', '목구멍', '인후'이다 한역으로는 '경(頸)', '후(喉)',

103) 중국본에는 (a)laṃvikā로 되어 있는데 alaṃvikā 역시 사전에 없기는 마찬가지다.
104) 淸光寺本에는 laṃbika로 표시하고 '未詳?', '귀신의 이름?'으로 풀이하고 있다.

'인후(咽喉)'이다. pāṇi는 사전에 따르면 남성 명사로서 '손'(手), '장(掌)'이다. graha는 형용사로서 '잡는', '얻는', '지각(知覺)하는'의 의미이며, 남성 명사로는 '포착자(捕捉者)', '유성(流星)', '병마(病魔)', '강도(强盜)', '절도(竊盜)'의 뜻이고, 한역으로는 '별', '악성(惡星)'이다.

375. 什皤囉翳迦醯迦德吠底迦
지바라예가혜가덕폐디가
jvarā · ekāhikā · dvaitīyakā
또 열 학질귀의 하루째 발열, 이틀째 발열,

jvarā는 남성 명사로서 '열', '고통', '비탄'의 뜻이며 한역으로는 '열', '열병', '고뇌', '온역(瘟疫)'이다. ekāhikā는 남성 명사로서 '일일 열병', '일일역(一日疫)', '매일 열병'의 뜻이다. dvaitīyakā(사전에는 dvaitīyaka)는 남성명사로서는 '이틀마다 반복하는 열'이다.

376. 帝哩帝藥迦折咄㗚他迦
데리데야가절돌리타가
tritīyakā · caturthakā · jvarā
사흘째 발열, 나흘째 발열,

tri는 '삼(三)'이다. tritīyakā 형태는 사전에 보이지 않는다. caturthakā(사전에는 caturthaka)는 남성 명사로서 '4일마다의 발열'이다. jvarā는 남성 명사로서 '열', '고통', '비탄'의 뜻이며 한역으로는 '열', '열병', '고뇌', '온역(瘟疫)'이다.

377. 眤底夜什皤囉
니디야시바라
nitya · jvarā
계속되는 학질열,

nitya는 형용사로서 '내부의', '생득의', '영구적인', '불변의', '상재하는'의 뜻이 있으며 한역으로는 '평상', '항상', '항불멸(恒不滅)'이다. jvarā는 남성 명사로서 '열', '고통', '비탄'의 뜻이며 한역으로는 '열', '열병', '고뇌', '온역(瘟疫)'이다.

378. 毘沙摩什皤囉
비사마지바라
vishama · jvarā
의식불명의 높은 발열,

vishama(사전에는 viṣama)는 형용사로서 '평탄하지 않은', '고저가 있는', '같지 않은', '불규칙적인', '위험한'의 뜻이 있으며 한역으로는 '불평(不平)', '부등', '불순(不順)', '맹(猛)'이다. jvarā는 남성 명사로서 '열', '고통', '비탄'의 뜻이며 한역으로는 '열', '열병', '고뇌', '온역(瘟疫)'이다.

379. 皤底迦背底迦

바디가배디가

vātikā · paittikā

또 풍병, 황달병,

vātikā(사전에는 vātika)는 형용사로서 '풍(風)으로 생긴'의 뜻이고 남성 명사로서는 '공허한 요설가(饒舌家)', '아유자(阿諛者)', '송찬자(頌讚者)'의 뜻이며 한역으로는 '풍병(風病)', '풍병자'이다. paittikā(사전에는 paittika)는 사전에는 형용사로서 paitta와 동의어로 되어 있는데 '담즙질(膽汁質)을 가진'의 의미이다.

380. 室禮瑟彌迦

시례시미가

śleśmikā

염창병(炎瘡病),

śleśmikā(사전에는 ślaiśmika)는 형용사로서 '담(痰)에' , '담(痰)에 의한'으로 뜻풀이되어 있다.

381. 娑你波底迦

사니파디카

sannipātikā

이질병,

sannipātikā는 사전에 보이지 않는다.105)

382. 薩皤什皤囉

살바지바라

sarva · jvarā

모든 열병(熱病),

sarva는 형용사로서 '모든', '전체의', '일체의', '각각의' 등의 뜻을 갖고, 한역으로는 '일체', '개(皆)'의 의미이며, 음사로는 '살리전(薩哩囀)'이 된다. 남성 단수 명사로는 '각인(各人)', 복수로서는 '전원(全員)'의 뜻을 가진다. 또, 중성 단수 명사로서는 '만사(萬事)'의 뜻이 있다. jvarā는 남성 명사로서 '열', '고통', '비탄'의 뜻이며 한역으로는 '열', '열병', '고뇌', '온역(瘟疫)'이다.

383. 室嚕喝囉底

시로가라디

śiro'rtti

두통(頭痛),

śiras는 중성 명사로서 '머리', '정상', '수령(首領)', '수장(首長)', '제일인자'의 뜻이며 '두(頭)', '수(首)', '발(髮)', '정(頂)'으로 한역된다. artti가 아닌 arti는 사전에 '고통', '아픔'으로 나와 있다. as+

---

105) 淸光寺本에는 saṃnipātikā로 표시하고 '충돌', '접촉', '하강', '내림', '이질병'으로 뜻풀이하였다.

a=o′가 되는 것은 연성법(連聲法)에 의한다.

384. 阿羅陁皤帝
아라다바뎨
ardhāvabhedakā
편두통(偏頭痛),

ardha는 형용사로서 '반(半)'의 뜻이며 중성 명사로서 '반(半)'의 의미이다. avabheda는 남성 명사로서 '상(傷)'의 뜻이다. ardhāvabhedakā는 사전에 보이지 않는다.

385. 阿乞史嚧劍
아기사로검
akshi · rogaḥ
안질(眼疾),

akshi가 아닌 akṣi는 중성 명사로서 '눈'(眼)의 뜻이다. rogaḥ는 남성 명사로서 '병약', '병기(病氣)', '병약', '질병', '환부(患部)'의 의미이다. 한역으로는 '병(病)', '질병', '병고'이다.

386. 目佉嚧鉗
목거로검
mukha · rogaḥ
구질(口疾),

mukha는 중성 명사로서 '입'(口), '입구', '출구'의 뜻이고 '입'으로 한역된다. rogaḥ는 남성 명사로서 '병약', '병기(病氣)', '병약', '질병', '환부'의 의미이다. 한역으로는 '병', '질병', '병고'이다.

387. 羯唎突嚧鉗

가리도로검

hrid · rogaḥ

융질,

hrid는 사전에 보이지 않는다. rogaḥ는 남성 명사로서 '병약', '병기(病氣)', '병약', '질병', '환부(患部)'의 의미이다. 한역으로는 '병(病)', '질병', '병고'이다.

388. 羯囉訶輸藍

갈라하슈람

gala · śūlaṃ

인후질(咽喉疾),

gala는 남성 명사로서 '목', '목구멍', '인후'이다. śūla는 남성 명사, 중성 명사로서 '창(槍)', '극적인 고통', '큰못'(大釘)의 뜻이며 '고통', '고뇌', '병고'로 한역된다. śūlam은 내격형이다.

389. 羯拏輸藍

갈나슈람

karṇa · śūlaṃ

이통(耳痛),

karṇa는 남성 명사로서 '귀'의 의미가 있다. śūla는 남성 명사, 중성 명사로서 '창(槍)', '극적인 고통', '큰못'(大釘)의 뜻이며 '고통', '고뇌', '병고'로 한역된다. śūlam은 대격형이다.

390. 檀多輸藍

단다슈람

danta · śūlaṃ

치통(齒痛),

danta는 남성 명사로서 '이', '어금니', '상아(象牙)', '산꼭대기'의 의미가 있다. śūla는 남성 명사, 중성 명사로서 '창(槍)', '극적인 고통', '큰못'(大釘)의 뜻이며 '고통', '고뇌', '병고'로 한역된다. śūlam은 대격형이다.

391. 頡哩馱耶輸藍

히나타야슈람

hridaya · śūlaṃ

심통(心痛),

hrida 또는 그 여격형(속격형 대용)이 되는 hridāya는 hṛd의 잘못이다. hṛd는 중성 명사로서 '심장', '가슴', '위(胃)'의 의미이다.

śūla는 남성 명사, 중성 명사로서 '창(槍)', '극적인 고통', '큰못'(大釘)의 뜻이며 '고통', '고뇌', '병고'로 한역된다. śūlam은 대격형이다.

392. 末摩輸藍
말마슈람
marma · śūlaṃ
관절통(關節痛),

사전에는 marma가 아니라 marman이 나오는데 이는 중성 명사로서 '관절', '신체가 노출된 부분 또는 치명적 부분'의 의미가 있고 한역으로는 '골절'이다. śūla는 남성 명사, 중성 명사로서 '창(槍)', '극적인 고통', '큰못'(大釘)의 뜻이며 '고통', '고뇌', '병고'로 한역된다. śūlam은 대격형이다.

393. 跋囉喀婆輸藍
파라시바슈람
pārśva · śūlaṃ
협통(脅痛; 늑막염),

pārśva는 '늑골부', 비유적 의미로는 '측근', '근접'의 의미가 있다. 한역으로는 '협(脇)', '액(液)'이다. śūla는 남성 명사, 중성 명사로서 '창(槍)', '극적인 고통', '큰못'(大釘)의 뜻이며 '고통', '고뇌', '병고'로 한역된다. śūlam은 대격형이다.

394. 背哩瑟吒輸藍

배리시다슈람

prishṭha · śūlaṃ

척통(脊痛; 척추통),

prishṭha는 pṛṣṭha의 잘못이다. pṛṣṭha는 중성 명사로서 '등', '등 부분', '후부'의 의미이다. śūla는 남성 명사, 중성 명사로서 '창(槍)', '극적인 고통', '큰못'(大釘)의 뜻이며 '고통', '고뇌', '병고'로 한역된다. śūlam은 대격형이다.

395. 烏馱囉輸藍

오타라슈람

udara · śūlaṃ

복통(腹痛),

udara는 중성 명사로서 '복(復)', '장(腸)', '위(胃)', '흉(胸)', '태(胎)'의 의미가 있다. śūla는 남성 명사, 중성 명사로서 '창(槍)', '극적인 고통', '큰못'(大釘)의 뜻이며 '고통', '고뇌', '병고'로 한역된다. śūlam은 대격형이다.

396. 羶知輸藍

전지슈람

kaṭi · śūlaṃ

요통(腰痛),

kaṭi는 여성 명사로서 '허리'의 뜻이다. śūla는 남성 명사, 중성 명사로서 '창(槍)', '극적인 고통', '큰못'(大釘)의 뜻이며 '고통', '고뇌', '병고'로 한역된다. śūlam은 대격형이다.

397. 跋悉帝輸藍
바시뎨슈람
vasti · śūlaṃ
방광통(膀胱痛),

vasti는 남성 명사로서 '방광(膀胱)', 여성 명사로서 '하복부(下腹部)'이다. śūla는 남성 명사, 중성 명사로서 '창(槍)', '극적인 고통', '큰못'(大釘)의 뜻이며 '고통', '고뇌', '병고'로 한역된다. śūlam은 대격형이다.

398. 鄔嚧輸藍
오로슈람
ūru · śūlaṃ
대퇴통(大腿痛),

ūru는 남성 명사로서 '넓적다리', '대퇴부'의 의미이다. śūla는 남성 명사, 중성 명사로서 '창(槍)', '극적인 고통', '큰못'(大釘)의 뜻이며 '고통', '고뇌', '병고'로 한역된다. śūlam은 대격형이다.

399. 常伽輸藍

샹가슈람

jaṅghā · śūlaṃ

각통(脚痛),

jaṅghā는 여성 명사로서 '다리', '발'의 뜻이다. śūla는 남성 명사, 중성 명사로서 '창(槍)', '극적인 고통', '큰못'(大釘)의 뜻이며 '고통', '고뇌', '병고'로 한역된다. śūlam은 대격형이다.

400. 喝薩多輸藍

하살다슈람

hasta · śūlaṃ

수통(手痛),

hasta는 남성 명사로서 '손', '필적(筆跡)', '제일 또는 제십삼의 월수(月宿)'의 뜻이다. śūla는 남성 명사, 중성 명사로서 '창(槍)', '극적인 고통', '큰못'(大釘)의 뜻이며 '고통', '고뇌', '병고'로 한역된다. śūlam은 대격형이다.

401. 波陁輸藍

파다슈람

pāda · śūlaṃ

족통(足痛),

pāda는 남성 명사로서 '발', '다리', '지주(支柱)', '차륜(車輪)', '시절(詩節)의 일행(一行)'의 의미이다. śūla는 남성 명사, 중성 명사로서 '창(槍)', '극적인 고통', '큰못'(大釘)의 뜻이며 '고통', '고뇌', '병고'로 한역된다. śūlam은 대격형이다.

402. 頞伽鉢囉登輸藍

알가바라등슈람

[106]aṅga · pratyaṅga · śūlaṃ

지절통(肢節痛),

aṅga는 중성 명사로서 '지(肢)', '지분(支分)', '부분(部分)', '남근(男根)'의 의미이고, pratyaṅga는 중성 명사로서 '신체의 소부분(小部分)'(이마, 아래턱, 코, 귀)의 의미가 있고 '분(分)', '신분(身分)', '지(肢)', '지(枝)'로 한역된다. śūla는 남성 명사, 중성 명사로서 '창(槍)', '극적인 고통', '큰못'(大釘)의 뜻이며 '고통', '고뇌', '병고'로 한역된다. śūlam은 대격형이다.

403. 部多吠怛茶

부다베달다

bhūta · vetāla

또 정령귀(精靈鬼), 기시귀(起屍鬼),

bhūta는 남성 명사, 중성 명사로서 '신(神), 인(人), 동물(動物),

106) 중국본에는 sarva '一切의'가 앞에 부가된다.

식물(植物)을 포함하는 존재물', '피창조물', '세계'의 뜻이며, 중성 명사로는 '괴물(怪物)', '정령(精靈)', '유령(幽靈)', '귀류(鬼類)'의 뜻이다. vetāla는 남성 명사로서 '사체(死體)를 점유(占有)하는 악귀(惡鬼)의 일종'의 의미가 있으며 '귀(鬼)', '기사귀(起屍鬼)'로 한역된다.

404. 荼枳尼

다기니

dākinī

압고여귀(壓蠱女鬼)에 의한

Ḍākinī는 사전에 여성 명사로서 '(Kālī의 從者 가운데에서) 인육(人肉)을 먹는 귀녀(鬼女)의 일종'으로 나와 있다. 음사로는 '다가녀(荼加女)'이다.

405. 什幡囉陁突盧建紐

지바라다도로건뉴

jvarā · dadrū · kaṇḍu

발열(發熱), 피부 발진(發疹),

jvarā는 남성 명사로서 '열', '고통', '비탄'의 뜻이며 한역으로는 '열', '열병', '고뇌', '온역(瘟疫)'이다. dadrū는 dadru와 동의어로서 여성 명사이며 '피부 발진'의 의미이다. kaṇḍu는 kaṇḍū와 동의어로서 여성 명사이며 '창(瘡)', '개창(疥瘡)'의 의미이다.

406. 吉地婆路多

기디바로다

kiṭibha · lūtā

거미 등과 같은 곤충에 의한

kiṭibha는 남성 명사로서 '이(虱)'이고 lūtā는 여성 명사로서 '피부병의 일종'이다.

407. 吠薩囉波嚧訶凌伽

비살라파로하링가

visarpa · loha · liṅga

계속 퍼지는 적반창(赤斑瘡),

visarpa는 남성 명사로서 '전파', '보급', '단독(丹毒) 또는 동종의 염증(炎症)'의 의미이다. loha는 남성 명사, 중성 명사로서 '붉은 금속(金屬)', '동(銅)'의 의미이고 liṅga는 중성 명사로서 '도장', '기호', '상징', '훔친 재산', '문법상의 성(性)', '명사의 어간', '숭배 대상으로서의 Śiva 신의 남근(男根)' 등의 뜻이 있다.

408. 輸沙多囉娑那迦囉毘沙喩迦

슈사다라사나가라비사유가

śosha · trāsana · gara · visha · yoga

음식 독에 의한 놀랄만한 건고병(乾枯病), 또 독이 있는,

śosha(사전에는 śoṣa)는 형용사로서 '건조시키는', '말리는', '제거하는'의 뜻이며 남성 명사로서는 '위축', '건조'의 의미이고 한역으로는 '건고병(乾枯病)'이다. trāsana는 형용사로서 '놀라게 하는', '공포감을 주는'의 의미이고 중성 명사로는 '공포의 원인'이다. gara는 남성 명사로서 '음료', '액체', '독'이고 visha(사전에는 viṣa)는 중성 명사로서 '독(毒)', '독액(毒液)'이며 yoga는 남성 명사로서 '승물(乘物)', '실시(實施)', '사용(使用)', '주술(呪術)', '취득', '이득', '철학 체계로서의 Yoga', 'Yoga 학도' 등의 의미가 있으며 한역으로는 '합(合)', '상합(相合)', '성취', '성(成)'이다.

409. 阿祁尼烏陁迦摩囉吠囉建多囉
아기니오다가마라베라건다라
agni · udaka · māra · vīra · kaṇḍaka
화신(火神) · 수신(水神), 용맹스런 짐승 모습의 신,

agni는 남성 명사로서 '불', '화재'의 의미이고, udaka는 중성 명사로서 '물'이며, māra는 형용사로서 '죽이는', '파괴하는'의 의미이고 남성 명사로서는 '죽음', '역병', '살해', '사랑(의 신)'의 뜻이며 음사로서는 '악마', '사마(邪魔)', '마왕(魔王)'이다. vīra는 남성 명사로서 '사람', '영웅', '전사', '수장(首長)', '지도자'의 뜻이며 한역으로는 '용(勇)', '맹(猛)', '용맹(勇猛)', '웅맹(雄猛)'이다. kaṇḍaka(사전에는 kaṇṭaka)는 남성 명사로서 '묶음', '어류의 뼈', '장애', '형극(荊棘)'의 뜻이다.

410. 阿迦囉蜜喋駐

아가라미리주

akāla · mrityu

불측(不測)의 죽음을 가져오는

akāla는 남성 명사로서 '법외(法外)의 때', '비시(非時)', '비의시(非依時)', '비위시(非爲時)', '불시(不時)'의 뜻이다. mrityu는 mṛtyu의 잘못인데 mṛtyu는 남성 명사로서 '죽음'의 뜻이다.

411. 怛囇部迦地哩囉吒毘失脂迦

다려부가디리라타비시질가

try · ambuka · trailāṭaka · briścika

벌(峰), 말(馬), 등에(虻), 전갈(蝎),

사전에 tryambuka가 나오는데 이는 남성 명사로서 '벌', '토봉(土蜂)'으로 풀이되어 있다. trailāṭaka는 사전에 보이지 않고 trailāṭa가 있는데 이는 남성 명사로서 '말벌'(馬蜂)이다. briścika는 vṛścika의 잘못이다. vṛścika는 남성 명사로서 '전갈'이다.

412. 薩囉波

살라바

sarpa

뱀,

sarpa는 형용사로서는 '기어가는'의 의미이며 남성 단수 명사로서는 '뱀'이며 복수 명사로서는 '반신족(半神族)'(지상, 공중, 하늘, 지옥에 사는)이다. '사(蛇)', '용(龍)'으로 한역된다.

413. 那俱囉
나구라
nakula
족제비,

nakula는 중성 명사로서 '대황서(大黃鼠)'(뱀 또는 쥐의 撲滅者), '족제비'이다. 음사로는 '서랑(鼠狼)', '황서(黃鼠)', '대황서(大黃鼠)'이다.

414. 僧伽
싱가
siṃha
사자,

siṃha는 형용사로서는 '사자(獅子) 같은', '중요한', '최상의'의 의미이고 남성 명사로서는 '사자', '사자좌(獅子座)'(12宮의 하나), '주(主)', '지배자'의 의미이다.

415. 吠也揭囉
볘야가라

vyāghr
호랑이,

vyāghra는 남성 명사로서 '호랑이'(용맹의 전형)이며 '호(虎)', '표(豹)', '호랑(虎狼)'으로 한역된다.

416. 怛乞叉
달기차
riksha
산돼지,

riksha는 ṛkṣa의 잘못이다. ṛkṣa는 형용사로서 '악한', '무서운', '유해한'의 의미이고, 남성 명사로서 '곰'의 의미이다.107)

417. 怛囉乞叉末囉視皤帝衫
다라걸차말라시바데삼
tarakshu · camara · jīva · teshāṃ
곰, 야크(yak) 등 생물 이상의

tarakshu가 아닌 tarakṣu는 남성 명사로서 '곰'(熊)의 의미이고 camara는 남성 명사로서 '서우(西牛)', '모우(毛牛)', '야크'의 의미이며, jīva는 형용사로서는 '존재하는', '생활하는', '생기 있는', '활기찬'의 뜻이며 남성 명사로서는 '생명의 본원(本源)', '생명의 식

107) 사전에는 '산돼지'의 의미는 보이지 않는다.

(息)', '영혼(靈魂)', 'Marut 신의 이름'이다. '명(命)', '수명(壽命)', '수(壽)'로 한역된다. teshāṃ은 지시 대명사 tad(that, it, he, she)의 남성, 중성 복수 속격형이다.

418. 薩毘衫薩毘衫
살비삼살비삼
sarveshāṃ, sarveshāṃ[108)]
일체 재앙들을, 일체 재앙들을,

sarveshāṃ은 사전에 보이지 않는다. -m은 대체로 -a로 끝나는 남성 명사의 대격형이다. 참고로 말하여 sarvaśas는 부사로서 '전적으로', '완전히', '철저히', '전반적으로', '일반적으로'의 뜻이며 '개(皆)', '일체(一切)'로 한역된다. 그리고 sarveśvara는 남성 명사로서 '일체 만유(萬有)의 주(主)'의 뜻이 있다.

419. 悉怛多鉢怛囉
시다다발다라
sit'ātapatra
백산개(白傘蓋)인

sita는 형용사로서 '흰', '밝은'의 뜻이다. 한역으로는 '소(素)'이다. 남성 명사로서는 '밝은 반달'이며 '백(白)'으로 한역된다. sitātapatra는 중성 명사로서 '흰 양산'(왕위의 상징)을 지칭한다.

---

108) 중국본에는 한 번만 나온다.

420. 摩訶跋折嚧
마하바절로
mahā · bajra
대금강(大金剛)

mahā는 형용사로서 '큰', '거대한'의 뜻이고, 한역으로는 '대(大)', '광대(廣大)', '거(巨)'이다. bajra는 vajra의 잘못이다. vajra는 남성 명사 또는 중성 명사로서 '뇌전(雷電), 특히 Indra 신의 뇌전 또는 금강저(金剛杵) 신의 칭(稱)', '금강석(金剛石)'의 의미를 가지며, 한역으로는 '금강(金剛)', '금강저(金剛杵)', '벽력(霹靂)'이다.

421. 瑟尼衫摩訶鉢囉登祁藍
스니삼마하바라등기람
ushnishāṃ · mahā · pratyaṅgirāṃ![109]
불정(佛頂)으로써 크게 조복(調伏) · 퇴산(退散)시키도다!

ushnishāṃ은 사전에 없고 uṣṇīṣa가 보이는데 이는 남성 명사, 중성 명사로서 '머리를 싸는 수건'의 뜻이며 '정(頂)', '두관(頭冠)', '정고(頂高)', '불정(佛頂)', '존승(尊勝)', '최승정상(最勝頂相)'이다. mahā는 형용사로서 '큰', '거대한'의 뜻이고, 한역으로는 '대(大)', '광대(廣大)', '거(巨)'이다. pratyaṅgirāṃ에 대하여는 pratyaṅgiras

109) 淸光寺本에는 pratyaṅgirāṃ이 '具力', '佛의 異名'으로 되어 있다. 70 참조.

가 남성 명사로서 '(어떤) 신화적 인물의 명칭'이다.

422. 夜婆埵陁舍喩社那
야바다다샤유사나
Yāvad · dvādaśa · yojana
(적어도) 12유순(由旬)

Yāvad는 '~이 되도록', '그처럼'의 의미이다. dvādaśa는 형용사로서 '제12의', '12를 더하는', '12가 되는'의 의미이고 한역으로는 '12'이다. yojana는 중성 명사로서 '우마(牛馬)에 멍에를 씌우는 것', '차에 딸린 일련의 동물', '거리의 한 단위(單位)'의 의미이고 여성 명사 yojanā로서는 '선동(煽動)', '건설(建設)', '정신 집중'의 의미이며 음사로서는 '유순(由旬)', '유연(由延)', '유순(兪旬)'이다.

423. 便怛曬拏毘地夜畔馱迦嚧彌
변다례나비디야반타가로미
abhyantarena · vidyā · bandhaṃ · karomi!
안에서 행한 그 주문(呪文)들을 나는 결박(結縛)하노라!

abhyantara는 형용사로서는 '안의', '안에 있는', '가까운', '친한', '사랑하는'의 뜻이며 중성 명사로서는 '내(內)', '내부', '중간'의 뜻이고 한역으로는 '내(內)', '중(中)'이다. abhyantarena는 중성 명사 abhyantara의 구격형이다. vidyā는 여성 명사로서 '지식', '학문',

'학술', '주술(呪術)', '주문(呪文)', '주법(呪法)'의 뜻이며, 한역으로는 '혜(慧)', '해(解)', '식(識)', '명(明)', '술(術)', '명술(明術)', '오명처(五明處)'이다. bandha는 남성 명사로서 '묶는 것', '매는 것', '포획', '저지', '결합', '속박'의 뜻이 있다. bandhaṃ(사전에는 bandham)은 bandha의 대격형이다. karomi는 어근 Kṛ '하다', '만들다'의 1인칭 직설법 현재형이다. 이에 대하여 좀더 설명을 붙여 보겠다. 산스크리트어의 동사는 그 활용형을 따라 1유형에서 10유형까지로 대별되는데 어근 Kṛ는 제8류 동사에 속한다. 제8류 동사는 어근에 -o를 첨가하여 강어간(karo)을 만들고, -u를 첨가하여 약어간(kuru)을 만든다. 그리고 'm,v,y'로 시작되는 어미 앞에서는 kur가 된다. 어근 Kṛ는 Parasmaipada(爲他言)과 Ātmanepada(爲自言)의 두 태(態)에서 활용형이 달리 나타난다. 어근 Kṛ의 활용형을 보면 아래와 같다.

(19) Kṛ 하다, 만들다(Pres, Ind.)

		Sg.	Du.	Pl.
P.	Ⅰ	*karomi*	kurvaḥ	kurmaḥ
	Ⅱ	karoṣi	kuruthaḥ	kurutha
	Ⅲ	karoti	kurutaḥ	kurvanti
A.	Ⅰ	kurve	kurvahe	kurmahe
	Ⅱ	kuruṣe	kurvāthe	kurudhve
	Ⅲ	kurute	kuruvāte	kurvate

424. 帝殊畔陁迦嚧彌

데슈반타가로미

Tejo · bandhaṃ · karomi!
광취(光聚)로서 (그것들을) 나는 결박(結縛)하노라!

tejo 아닌 tejas는 '끝', '첨단(尖端)', '열', '화(火)', '광', '불꽃', '미려(美麗)', '세력(勢力)'의 뜻이 있다. '화', '광', '광휘', '광명(光明)'으로 한역된다. bandha는 남성 명사로서 '묶는 것', '매는 것', '포획', '저지', '결합', '속박'의 뜻이 있다. bandhaṃ(사전에는 bandham)은 bandha의 대격형이다. karomi는 어근 Kṛ '하다', '만들다'의 1인칭 Parasmaipada(爲他言)의 직설법 현재형이다.

425. 波囉微地也畔陁迦嚧彌
파라비디야반타가로미
para · vidyā · bandhaṃ · karomi!
남의 명주(明呪)들을 나는 결박(結縛)하노라!

para는 형용사로서는 '그곳으로 이끄는', '먼', '과거의', '미래의', '최후의'의 의미이며 남성 명사로서는 '후예', '타인', '반대자', '적', '절대자'의 의미이고 한역으로는 '타', '타인'이다. vidyā는 여성 명사로서 '지식', '학문', '학술', '주법(呪法)', '주술(呪術)', '주문(呪文)', '명주(明呪)'(불교에서)의 뜻이며 한역으로는 '혜(慧)', '해(解)', '식(識)', '명료(明了)', '명(明)', '술(術)', '명술(明術)', '오명처(五明處)'이다. bandha는 남성 명사로서 '묶는 것', '매는 것', '포획', '저지', '결합', '속박'의 뜻이 있다. bandhaṃ이 아닌 bandham은 bandha의 대격형이다. karomi는 어근 Kṛ '하다', '만들다'의 1인칭 Parasmaipada(爲他言)의 직설법 현재형이다.

426. 怛地他

다디타

Tadyathā!

그러므로 이와 같이 염송(念誦)할지니라(卽說呪日)!

tad는 대명사 ta '그(것)'의 중성 단수 주격형, 대격형이며 부사로서는 '그곳에', '그때에', '이처럼'의 뜻이다. yathā는 접사로서 '~처럼', '~ 같이'의 뜻이다.

427. 唵

옴

Oṃ

원컨대,

oṃ이 아닌 om은 간투사로서 사전에는 '(聖字)om', '기념문(祈念文)이나 기도문(祈禱文)의 개시 때 또는 Veda 전후의 독송(讀誦)에 쓰이는 말이다. 많은 신비적 해석이 가능하다'로 되어 있다.

428. 阿那㘑毘舍提

아나례비샤뎨

anale · viśada

광명(光明), 광취(光聚)이신

anale(사전에는 anala)는 남성 명사로서 '불'(火), 'Agni 신'이고 한역으로는 '불', '만족'이다. viśada는 형용사로서 '명료한', '빛나는', '백열(白熱)하는', '순수(純粹)한'의 뜻이며 한역으로는 '상묘청정(上妙淸淨)', '세연(細軟)', '광대(廣大)', '대(大)'이다.

429. 鞞囉
비라
vira
용감한

vira는 vīra의 잘못이다. vīra는 남성 명사로서 '힘있는 사람', '영웅', '전사(戰士)', '지도자', 'Indra 신' 등의 의미이다.

430. 跋折囉
바절라
vajra
금강저(金剛杵)로써

vajra는 남성 명사 또는 중성 명사로서 '뇌전(雷電), 특히 Indra 신의 뇌전 또는 금강저(金剛杵) 신의 칭(稱)', '금강석(金剛石)'의 의미를 가지며, 한역으로는 '금강(金剛)', '금강저(金剛杵)', '벽력(霹靂)'이다.

431. 阿唎畔陁

아리반타

ari[110] · bandha

적(敵)들을 결박(結縛)시키고,

ari는 형용사로서 '관대하지 않은', '질투하는', '적(敵)의'의 뜻이며 남성 명사로서는 '적(敵)'의 의미이고 한역으로는 '원(寃)', '원적(寃敵)', '증질(憎嫉)'이다. bandha는 남성 명사로서 '묶는 것', '매는 것', '포획', '저지', '결합', '속박'의 뜻이 있다.

432. 毘陁你

비타니

vidhani![111]

격리(隔離)시켜 주소서!

어근 Vidh는 '결(缺)하다', '부족하다'는 제6류 활용 동사이고 vidhani(사전에는 vidhāṇi)는 어근 Vidh의 명령법 1인칭 형태이다. 참고로 -h로 끝나는 제6류 활용 동사의 명령법 활용형을 표로 보면 아래와 같다.

---

110) 중국본에서는 이 부분이 dhare로 대치된다. 사전에는 dhara가 보이는데 이는 형용사로서는 '가진', '보존하는', '支持하는'의 뜻이고 '持', '任持', '受持', '執持', '任持者'로 한역된다.

111) 431과 432는 중국본에서 합하여져 bandha · bandhane '(딴 呪들을) 묶어 주시옵소서!'로 되어 있다.

(20) Ruh 오르다, 성장하다(Impv.)

		Sg.	Du.	Pl.
P.	Ⅰ	rohāṇi	rohāva	rohāma
	Ⅱ	roha	rohatam	rohata
	Ⅲ	rohatu	rohatām	rohantui
A.	Ⅰ	rohai	rohāvahai	rohāmahai
	Ⅱ	rohasva	rohethām	rohadhvam
	Ⅲ	rohatām	rohetām	rohantām

433. 跋折囉波尼泮

바절라파니반

Vajra · pāṇi phaṭ

금강수(金剛手)의 주문으로써

vajra는 남성 명사 또는 중성 명사로서 '뇌전(雷電), 특히 Indra 신의 뇌전 또는 금강저(金剛杵) 신의 칭(稱)', '금강석(金剛石)'의 의미를 가지며, 한역으로는 '금강(金剛)', '금강저(金剛杵)', '벽력(霹靂)'이다. pāṇi는 남성 명사로서 '손', '손바닥'의 의미이다. phat에 대하여는 주 80)을 참조.

434. 呼吽

훔-

hūṃ

거룩히

hūṃ은 사전에 보이지 않는다. 석인기(釋仁基, 1989)에 따르면 '오직'의 의미이다. 135 참조.

435. 咄嚕吽
도로옴
trūṃ[112)]
존경하옵는(주문으로써)

trūṃ은 사전에 보이지 않는다. bhrūṃ의 잘못이다. hūṃ bhrūṃ은 '존경의 뜻'이다. 135 참조.

436. 莎皤訶
사바하
svāhā !
(敵들을)[113)] 파패(破敗)시켜 주시옵소서!

svāhā는 불변사로서 신격(神格)의 대상에 대하여 '행복하소서!', '축복 있으소서!'로 기도의 끝에 사용하는 말이다. 291과 같음.

437. 唵吽
옴-
Auṃ

112) 중국본에는 여기에 phaṭ가 첨가된다.
113) 중국본에는 '딴 呪文들을'로 되어 있다.

원컨대,

auṃ은 om과 같은 뜻으로 '기념(祈念) 또는 기도문(祈禱文)의 개시(開始) 때나 Veda 독송(讀誦)의 전후에 쓰이는 말'로 '극찬(極讚)'으로 한역된다.

438. 毘嚕提
비로뎨
virūdhaka
모반자들을

virūdhaka는 사전에 보이지 않고 viruddha가 보이는데 이는 어근 Rudh '저지하다', '억지하다', '방해하다'의 과거수동분사로서 '위(違)', '반(反)', '반역(反逆)', '반역(叛逆)', '거역불종(拒逆不從)'으로 한역된다.

439. 莎皤訶
사바하
svāhā!
(敵들을) 파패(破敗)시켜 주시옵소서!

svāhā는 불변사로서 신격(神格)의 대상에 대하여 '행복하소서!', '축복 있으소서!'로 기도의 끝에 사용하는 말이다. 291과 같음.

제3장의 격 어미, 활용형 도표 모음

번호	구번호	내 용	예 시	비고
1	1	-a 중성 명사 어미	satya(진실)	
2	2	-at 동사 활용	bodhat(깨닫다)	
3	5	-i 여성 명사 어미	mati(사고, 지혜)	
4	16	-an 남성 명사 어미	ātman(자아)	
5	17	-a 남성 명사 어미	bala(소년)	
6	28	-in 형용사 활용	dhanin(부유한)	
7	37	-ā 여성 명사 어미	kanyā(소녀)	
8	58	-i 남성 명사 어미	kavi(시인)	
9	171	남성 명사 어미	rājan(왕)	
10	215	동사 활용 어미	직설법, 명령법	
11	231	대명사 인칭 어미	tad(3인칭)	
12	279	대명사 인칭 어미	tvad(2인칭)	
13	279	대명사 인칭 어미	부대형(2인칭)	
14	331	-u 명사 인칭 어미	guru, dhenu 외	
15	332	-man 중성명사어미	nāman(이름)	
16	332	-man 남성명사어미	ātman(자아)	
17	334	-i, -u 다음절어	nadī, vadhū	
18	342	대명사 인칭 어미	mad(1인칭)	
19	423	동사 활용 어미	Kṛ(하다, 만들다)	
20	432	동사 활용 어미	Ruh(오르다)	

격 어미 사용에서의 넘나듦

파니니 문법 국역본인 『산스크리트 문법』(2002, 전수태 역) 참조

1.4.24. 비교에서 비교의 기준은 탈격 사용
대격을 탈격으로 사용
1.4.32. 여격을 속격으로 사용
1.4.36. 대격을 여격으로 사용
1.4.44. 대격을 구격, 여격으로 사용
1.4.46. 처격을 대격으로 사용

2.3.3. 대격을 구격으로 사용
2.3.13. 대격을 여격으로 사용
2.3.25. 구격을 탈격으로 사용
2.3.26. 구격을 속격으로 사용
2.3.36. 대격을 처격으로 사용
2.3.38. 속격을 처격으로 사용
2.3.54. 대격을 속격으로 사용

제4장 불교 용어 풀이

이 부분은 제2장과 제3장에서 언급한 내용에서 불교와 관련 있는 용어들을 뽑아 설명을 붙인 것이다. 『불교대사전』(1993), 『불교사전』(1994), 『불교상식백과』(1994) 등을 참고하였다.

개부화왕(開敷華王) : 범어는 Saṃkusumita-rāja. 화개부(華開敷), 개화부(開華部).

계(戒) : 범어는 śīla. 행위, 관습, 성격, 도덕, 경건 등의 뜻. 선악(善惡)에 두루 통하며, 좋은 습관을 익히는 것을 선계(善戒; 善律儀), 나쁜 습관을 일으키는 것을 악계(惡戒; 惡律儀)라고도 하지만 일반적으로는 정계(淨戒; 戒에는 清淨의 뜻이 있음), 선계(善戒)의 뜻에 한해서 쓰임. 몸으로써 행하는 것과 말로 행하는 것의 비(非)를 막고 악을 그치게 함을 말한다.

귀명(歸命) : 범어는 namas. 마음으로부터 믿고 공경함을 뜻함. 한자의 의미로 볼 때 불타의 가르침에 따른다든가, 자신의 생명을 걸고 구원을 구한다든가, 생명의 본래의 모습인 깨달음에 돌아간다는 등의 뜻으로 해석된다. 귀(歸)는 귀순(歸順)의 뜻이고 명(命)은 불타의 교명(教命)이라고 『기신론의기(起信論義記)』 상(上)에 기술하고 있다. 귀명정례(歸命頂禮)는 지극한 공경심을 가지고 예배하는 것을 가리킨다.

금강(金剛) : 범어는 vajra. 이는 쇠 가운데 가장 강한 것이라는 뜻이다. ① 무기로서의 금강은 금강저(金剛杵)를 말하며 제석천(帝釋天)과 밀적역사(密迹力士)가 가지고 있는 무기이다. 무엇으로도 이를 파괴할 수는 없지만 이 금강(金剛)은 다른 모든 것을 파괴할 수 있으므로 경론(經論) 가운데에서는 금강견고(金剛堅固), 금강불괴(金剛不壞) 등으로 부르고 견고의 비유로 쓰며, 그래서 금강신(金剛身), 금강심(金剛心), 금강견고의 신심(信心) 등의 이름으로 쓰인다. 또 금강저를 가지고 있는 역사를 집금강(執金剛)이라고 하고, 약하여 금강(金剛)이라 한다. ② 보석의 이름으로도 쓰이고 있으니 금강석 곧 다이어몬드가 그것이며, 이 보석은 무색 투명한 물질로 햇빛이 비치면 여러 가지 빛깔을 나타내므로 그 기능이 자재한 것에 비유된다. 『금강정경소(金剛頂經疏)』 권1에서는 금강(金剛)에 세 가지 뜻이 있으니 불가파괴(不可破壞)와 보중지보(寶中之寶)와 무기 중에 가장 훌륭한 무기가 그것이라고 했다. 그 가운데 제1과 제3은 ①의 뜻이고 제2는 ②의 뜻이다.

금강동자(金剛童子) : 범어는 Vajrakumāra. 진언종에서 모시는 호법신(護法神). 태장계 만다라 금강수원(金剛手院)에 있으며, 금강쇄보살의 시자인 동자 모양의 분노존(忿怒尊)을 말한다.

금강부(金剛部) : 금강계(金剛界)의 오부(五部)의 하나. 또는 태장계(胎藏界) 삼부(三部)의 하나. 금강에 속한 부분이란 뜻으로, 중생의 마음 가운데 본래부터 갖추고 있는 견고한 지혜는 생사 가운데 영겁(永劫)을 지나도 썩지 않고 무너지지도 않으며, 능히 번뇌를 깨뜨림이 금강과 같으므로 이 같이 일컬음.

금강수(金剛手) : 손에 금강장이나 금강저를 쥐고 있는 것. 또는 집금강(執金剛)·지금강(持金剛)이라 한다.

금강장왕(金剛藏王) : 태장계 허공장원의 보살로 만다라 보살의 오른편에 주(住)한다. 밀호(密號)를 비밀금강(秘密金剛)이라 함. 금강장은 집금강(執金剛)의 총칭이며 금강살타와 이름은 달라도 한 몸이다. 금강장왕은 곧 금강살타의 변화신이다. 태장계 허공장원 28존(尊) 가운데 108개의 팔을 가진 보살(菩薩)이다.

금강저(大金剛杵) : 고대 인도의 무기. 밀교(密教)에서 번뇌를 부수는 보리심(菩提心)의 상징으로서 승려들이 수법(修法)할 때 쓰는 도구. 금·은·동·철·목 등으로 만들고 뾰족한 끝을 가졌으며 모양을 따라 뾰족한 끝이 하나인 것을 독고(獨鈷), 세 개로 된 것을 삼고(三鈷), 다섯 개로 된 것을 오고(五鈷)라 한다. 각기 법계(法界), 삼밀(三密), 삼신(三身), 오지(五智), 오불(五佛) 등을 나타낸다고 한다. 독고저(獨鈷杵), 삼고지, 오고저, 보저(寶杵), 탑저(塔杵) 등을 오종저(五種杵)라 하며 오종령(五種鈴)과 같이 둔다. 또 금강저는 보리심의 뜻이 있으므로 이를 갖지 않으면 불도수행(佛道修行)을 하기 어렵다고 한다.

금강신(金剛神) : 범어는 Vajrapāṇi. 금강수(金剛手)라 번역되며, 금강밀적천(金剛密跡天)·집금강신(執金剛神)·금강역사(金剛力士)·인왕(仁王)이라고도 말한다. 이는 여래의 온갖 비밀 사적(事跡)을 알고 오백 야차신(夜叉神)을 시켜 현겁(賢劫) 천불(千佛)의 법을 수호한다는 두 신. 흔히, 모든 전신을 벗은 채 허리에만 옷을 걸쳤고, 용맹스러운 모양을 하고 있는 이 두 신의 형상은 절의 입구 문 양쪽에 두어 왼쪽은 밀적금강(密跡金剛), 오른쪽은 나라연금강(那羅延金剛)이 각각 위치해서 불법을 수호한다.

금시조(金翅鳥) : 범어는 garuḍa. 묘시조(妙翅鳥)라고 번역함. 팔부중(八部衆)의 하나. 깃이 금색이므로 금시조(金翅鳥)라 한다. 양쪽 날개의 넓이는 3백 6만 리나 되고, 독수리처럼 사나운 성질을 가진 조류(鳥類)의 괴수로 용을 잡아먹는다고 한다. 이 새는 실제로 있는 것이 아니고 인도 사람들이 상상하여 신격화한 것이다.

기시귀(起尸鬼) : 비타라법(毗陀羅法)에서 부르는 귀신의 이름. 비타라(毘陀羅)는 인도의 외도(外道)들이 행하던 작법(作法)의 하나인데 이 주문(呪文)으로 죽은 사람을 일으켜서 귀신으로 하여금 원한 있는 사람을 죽이도록 하였다 함.

기후아귀(奇臭餓鬼) : 범어는 Katabhūtana. 아귀(餓鬼)의 일종. 인도의 사성(四姓)의 하나인 찰제리종이 비천한 짓을 했을 때 이 귀신이 되어 하계(下界)에 살면서 아귀의 고통을 받는다고 함.

긴나라신(kinnara 神) : 범어는 kiṁnara. 의인(疑人), 의신(疑神), 인비인(人非人), 가신(歌神), 가락신(歌樂神), 음악신(音樂神)이라고 번역. 팔부중(八部衆)의 하나로서 사람인지 짐승인지 새인지 일정하지 않고 노래하고 춤추는 괴물. 혹은 머리는 사람, 몸은 새, 또는 말머리에 사람의 몸을 하는 등 그 모습도 일정하지 않음.

길상천(吉祥天) : 범어는 Śrī-mahadevī. 여신의 이름. 인도 신화에 나오는 낙걸사야(洛乞史若)의 이명(異名)이다. 비습노의 아내이며 애욕신(愛慾神) kāma의 어머니이다. 일찍부터 제석(帝釋), 마혜수라, 비습노와 함께 불교에 들어가서 북쪽 비사문천(毘沙門天)을 주처(住處)로 하고, 미래에 성불하여 길상마니보생여래(吉祥摩尼寶生如來)라 이름한다고 함. 밀교에서 태장계 대일여래(大日如來)의 변신으로 비사문천왕(毘沙門天王)의 아내라 한다.

길상천녀(吉祥天女) : 길상천(吉祥天), 공덕천(功德天)이라고도 한다. 본래는 바라문 신으로 불교에 섭수됨. 부(父)는 덕차가(德叉伽), 모(母)는 귀자모(鬼子母)로 비사천문(毘沙門天)의 여동생, 혹은 후비(后妣)라고 하나 알 수 없음.

나라연(nārāyaṇa) : 견고(堅固)·구쇄역사(句鏁力士)·인생본(人生本)이라 번역. 천상에 있는 역사의 이름으로서 그 힘의 세기가 코끼리의 백만 배나 된다고 함.

나무(南無) : 범어는 namas(문장 사이에 들어갈 때에는 namo). 귀명(歸命), 경례(敬禮), 귀례(歸禮), 신종(信從)이라 번역한다. 본래 '예경(禮敬)'한다는 의미를 갖는 명사이지만 흔히 경례의 대상과 더불어 쓰고 있으며, 그 대상에 대해서 귀의(歸依), 신앙(信仰)의 뜻을 표한다.

나찰(羅刹) : 범어는 rākṣasa. 이것의 여성은 나찰사(羅刹斯), 나찰사(羅叉私; rākṣasī)이다. 악귀(惡鬼)의 총명(總名). 남자는 추하고 여자는 아름답게 생겼으며 언제든지 사람의 혈육을 먹는다고 한다. 공중을 날아다니는 것으로 아주 빠르고 무섭고 포악한 귀신이라 함. 또 지옥의 옥졸(獄卒)인 귀신을 의미하는 경우가 있으니 이것을 아방(阿傍)이라 한다. 우두인수(牛頭人手)에 소 발굽의 형상을 했으며 큰 힘을 가지고 있다고 한다. 또, 사슴, 양, 토끼 등의 머리를 가지고 있다고도 한다.

나형외도(裸形外道) : 범어는 Nirgrantha. 니건자외도(尼乾子外道)의 하나인 공의파(空衣派). 대공(大空)을 옷으로 삼는다고 하면서 옷을 벗고 알몸으로 생활함.

대력왕(大力王) : 옛날에 대력(大力)이라는 왕이 보시하기를 좋아하여 구걸하는 자가 오면 많은 것을 보시하였다. 제석천이 바라문으로 변신하여 왕에게 와서 몸 일부를 구걸하니 왕이 서슴지 않고 팔을 끊어주며 조금도 후회하는 마음이 없었다. 이때의 대력왕(大力王)이 석존(釋尊)이고, 바라문은 제바달다이다.

대흑천(大黑天) : 범어 Mahākāla. 즉 대흑천신(大黑天神). 대자재천의 권속으로 본명은 Rudra이며 포악(暴惡)이라 번역. 다른 이름은 마하가라(摩訶迦羅)로 대흑(大黑)이라 번역.

등정각(等正覺) : 범어 samyaksaṃbuddha. 부처님 십호(十號)의 하나. 부처님은 평등한 바른 진리를 깨달았으므로 이 같이 이름한다.

루드라 신(rudra 神) : 천명(天名). 가외(可畏)라 번역함.

마군(魔軍) : 악마의 군병(軍兵). 불타가 성도(成道)할 때 제6천의 마왕이 여러 권속을 거느리고 와서 방해하였으나 불타의 신통력으로 모두 항복시킴. 또 모든 악사(惡事)가 불도를 방해하는 것을 마군이라 한다.

마후라카신(mahoraga 神) : 천룡팔부중(天龍八部衆)의 하나. 사신(蛇神)을 말함. 몸은 사람과 같고 머리는 뱀. 용의 무리에 딸린 악신(樂神)이다. 태장계 만다라에서는 외금강원(外金剛院)의 북쪽에 있다.

만다라(maṇḍalā) : 윤원(輪圓)의 뜻으로 인도에서 비법(秘法)을 닦을 때 마중(魔衆)의 침입을 막기 위해 원형(圓形)을 그려 넣는 것. 일반적으로 원형, 방형(方形) 등으로 구획한 지역을 만다라(曼荼羅)라 하며. 율(律)에는 부정(不淨)을 피하기 위하여 여러 가지 경우에 만다라를 만들게 된다.

말법(末法) : 석존이 입멸(入滅)하고 나서 시대가 흘러감에 따라 그 설한 교(敎)가 여법(如法)하게 실행되지 않는다는 역사관에

입각해서 시대를 정(正)・상(像)・말(末)의 삼시(三時)로 나누어 말법(末法)이 끝나면 교(教)까지도 들을 수 없는 법멸(法滅)의 시대가 있다고 한다. 교(教)와 행(行)과 결과(結果)가 모두 갖추어져 있는 시대를 정법(正法), 교(教)・행(行)만의 시대를 상법(像法), 교(教)만 있는 시대를 말법(末法)이라도 한다.

명주(明呪) : 진언(眞言; mantra)을 말함. 진실하여 거짓이 없는 말이라는 뜻. 밀교에서의 삼밀(三密)에서는 삼밀 중에 어밀(語密)에 해당하며, 진언비밀(眞言秘密)이라고도 하고 불(佛), 보살(菩薩), 제천(諸天) 등의 서원(誓願)이나 덕, 또 그 별명, 교(教)의 깊은 의미 등을 가지고 있는 밀교의 어구를 가리키며 중국, 한국, 일본 등에서는 그 뜻을 번역하지 않고 원어를 음역하여 그대로 읽는다. 이것을 외우고 그 문자를 관(觀)하면 그 진언에 응하여 각각의 공덕이 있고 즉신성불(卽身成佛)의 깨달음을 얻는 것과 동시에 세속적인 원(願)을 성취한다고 한다.

무량광(無量光) : 범어는 amitābha. 12광의 하나로 불타(佛陀)의 몸에서 나오는 무량(無量)의 빛이다. 아미타불의 광명(光明)은 그 수가 극히 많아 수량으로서 헤아릴 수 없다는 데서 나온 말. 또한 그 이익은 한이 없어 과거, 현재, 미래 삼세(三世)에 이르도록 끝이 없으므로 이 같이 말한다. 무량광불(無量光佛)의 약칭.

무생법인(無生法忍) : 무생(無生)의 법리, 곧 불생불멸의 진여의 진리를 깨달아 알고 거기에 안주하여 움직이지 않는 것. 보살이 초지(初地)나 7・8・9지에서 얻는 깨달음. 인(忍)은 인가(忍可)・인인(認忍)의 뜻으로 확실히 그렇다고 인정하는 것. 진실의 이치를 깨달은 마음의 평온. 무생인(無生忍)이라고도 하며 삼법인

(三法忍)의 하나이다.

무애(無碍) : 닿는 느낌 또는 걸림이 없는 것. 무관(無關)이라고도 한다.

무애광(無碍光) : ① 번쩍번쩍 빛나는 것. ② 12광(光)의 하나. 아미타불의 광명을 말함. 이 광명이 산, 강, 구름, 안개 등의 바깥 장애나 탐(貪), 진(瞋), 치(痴), 만(慢) 등의 안의 장애에도 걸림 없이 무엇이라도 비추어 깨뜨리지 아니함이 없으므로 이렇게 부름.

미진(迷津) : 오(悟)의 피안(彼岸)에 대하여 미(迷)의 차안(此岸)을 일컫는 말.

밀적(密迹) : 범어는 guhyapāda. 손에는 금강무기(金剛武器)를 들고 항상 부처님을 호지(護持)하는 야차신(夜叉神)으로 불(佛)의 비밀한 사적(事迹)의 본원(本誓)을 들으므로 밀적(密迹)이라 함.

반달라(般荼羅) : 범어 sitātapattra의 약칭. 실항다반달라(悉恒多般怛羅)라 음역. 백산개주(白傘蓋呪)의 법명(法名).

백산개신주(白傘蓋神呪) : 불정주(佛頂呪)라고도 함. 백산개불정존(白傘蓋佛頂尊)이 설한 다라니를 백산개신주(白傘蓋神呪)라 함. 『수능엄경』에 설한 것이 427구가 된다(중국본). 그 가운데 최후의 8구를 심주(心呪)라 하여 이것을 특별히 염송한다. 여래장심(如來藏心)이다.

백의(白衣) : 범어는 avadāta-vasana. 재가인(在家人)을 뜻함. 인도인은 일반적으로 흰옷을 귀히 여기고 승려 이외의 귀족 등은 모두 백의(白衣)를 입었으므로 재가인을 가리켜 백의라 하고, 이에 대하여 불교의 사문(沙門)을 염의(染衣)라 한다.

범천(梵天) : 범어는 brahma-deva. 색계(色界) 초선천(初禪天). 범

(梵)은 맑고 깨끗하다는 뜻으로 이 하늘은 욕계(欲界)의 음욕(淫慾)을 여의어서 항상 깨끗하고 고요하므로 범천(梵天)이라 한다. 또한 여기에 범중천(梵衆天), 범보천(梵輔天), 대범천(大梵天) 등 세 하늘을 범천이라 통칭(統稱)한다. 범천이라 할 때에는 초선천의 주인인 범천왕(梵天王)을 가리킴.

법륜(法輪) : 범어는 dharma-cakra. 불타의 가르침을 전륜성왕(轉輪聖王)이 가지고 있는 윤보(輪寶)에 비유한 말. 부처가 설법하시는 것을 전법륜(轉法輪)이라고 한다. 중생의 번뇌를 잘 쳐부수고 일인일소(一人一所)에 그치지 않으며 차례 차례로 교화하기 때문이다.

보부(寶部) : 5부의 하나. 밀교에서 부처님의 자리(自利)가 원만하여 한없는 복과 덕을 갖춘 부분을 말함.

보살(菩薩) : 범어 bodhi-sattva의 음략(音略)이다. 무상보리(無上菩提)를 구하여, 중생을 이익되게 하고 모든 바라밀(波羅密)의 행을 닦아서 미래의 불타의 깨달음을 열려고 하는 사람들. 3승(乘)의 하나. 십계(十界)의 하나. 보살에게는 깨달음의 지혜를 구하는 유정(有情; 心識을 가진 자, 衆生)이라고 하는 뜻이나 혹은 보리(菩提; 구하는 목적인 깨달음)와 살타(薩俉; 교화의 대상으로서의 중생)를 대상으로 하여 자기도 이롭고 다른 사람도 이롭게 하는 것, 보리를 얻으려고 하는 용맹한 큰 마음 등의 뜻이 있어 성문(聲聞)이나 연각(緣覺)도 각기 보리(覺智)를 구하는 점에서는 보살이라고 할 수 있을 것이므로 특히 무상보리를 구하는 대승(大乘)의 수행자를 이승(二乘)과 구별하여 보살이라고 한다.

보화(寶華) : ① 뛰어나게 존귀한 꽃. ② 부처가 결가부좌하는 연대(蓮臺).

불공(不空) : 범어 Amoghavajra. 진언종(705~774)의 부법(付法) 제6조로서 불공금강(不空金剛)이라고 번역한다. 불공(不空)은 그 약칭이다. 인도 사자국 사람으로 북인도 바라문의 아들이라고도 한다. 어려서 아버지를 여의고 숙부를 따라 남양의 여러 나라로 다니다가 자바에서 금강지삼장(金剛智三藏)의 제자가 되고, 720년(개원 8년) 16세 때 스승을 따라 중국에 갔다. 724년(개원 12년) 광복사 계단(戒壇)에서 유부율(有部律)을 받고 그 뒤부터 금강지 삼장을 모시고 역경에 조력(助力)하고 양부(兩部)의 대법과 밀교의 깊은 뜻을 계승하여 부법의 조(祖)가 되었다.

비밀장(秘密藏) : 비밀한 법장(法藏)을 말함. 비밀장의 명칭은 모든 장에 있으나 심심비극(深甚秘極)을 나타내는 통명(通名)이다.

비수뉴(Viṣṇu) : 원어는 비슈누이다. 편정(遍淨)이라 번역. 인도교에서 시바신과 양립하는 천신. 베다 시대에는 세 걸음으로 우주를 건너가는 태양신으로 되어 있었는데, 기원 전 수세기 전부터 인도의 신관(信觀)이 변천됨에 따라 세력이 더욱 커져서 브라흐만 시바와 더불어 3대 신이 되어 각기 우주의 창조, 파괴, 유지를 관장했다. 비슈누가 "세계의 악을 몰아내고 정의를 회복하기 위해 지상에 부활한다"고 하는 권화(權化)사상도 같은 시기에 나타났는데, 권화가 가장 많은 때에는 22종이나 있어 이 가운데에는 고대의 신, 성선(聖仙), 영웅으로부터 불타까지도 포함, 역사 및 신화상의 위대한 존재들을 모두 망라하여 비슈누파 사상의 보편성을 강조하고 있다.

사라수(沙羅樹) : 범어는 sālavṛkṣa. 견고(堅固), 고원(高遠)의 뜻이다. 용뇌향과(龍腦香科)에 속하는 교목(喬木). 비사부불(毘沙浮佛;

과거 7佛 가운데 제3)이 이 나무 밑에서 개오(開悟)했다고 하며 석존이 kuśinagara 성 밖에 있는 이 나무의 숲속 두 그루 사라수 곧 사라쌍수(娑羅雙樹) 사이에서 반열반(般涅槃; 곧 逝去)하였으므로 이 숲을 사라쌍수림이라 한다. 이때 석존을 에워싼 쌍수는 사방에 각각 쌍수가 있었으므로 도합 8사라수를 가리킨다고 하며, 또 8수 가운데에서 석존이 입적할 때 4그루는 시들어 버리고 4그루는 무성했다고 전하므로 이 사라쌍수를 사고사영수(四枯四榮樹)라 한다. 장례식 때 흰 종이로 만든 꽃을 관 네 모서리 또는 관 앞을 장식하는데, 이를 사라화(娑羅華)라 하는 것은 석존 열반 때 사방에 있던 사라쌍수를 의미한다.

사라수왕(沙羅樹王) : 부처님의 이름. 묘장엄왕(妙莊嚴王)이 미래에 성불하여 사라수왕불(娑羅樹王佛)이 된다고 함.

사마(邪魔) : 정당한 사리에 위배되는 그릇된 견해를 가지고 깨달음의 정도를 방해하는 악마.

삼계(三界) : 중생이 생사에 유전(流轉)하는 미(迷)의 세계. 곧 유정(有情)의 경계를 셋으로 나눈 것. 생사윤회하는 미혹의 생존계(生存界; 즉 有)의 분류이므로 삼유생사(三有生死)라고도 하고 단순히 삼유(三有)라고도 한다. 즉, 욕계(欲界; 欲有), 색계(色界; 色有), 무색계(無色界; 無色有)의 셋을 말한다. 그 가운데에서도 색계, 무색계는 욕계보다 위에 있으므로 상이계(上二界) 또는 상계(上界)라 한다. 단, 욕계 가운데 육욕천(六欲天)까지도 포함한 천상계(天上界) 전체를 가리켜서 상계라고 하는 경우도 있는데 이 경우에는 인간계를 하계(下界)라고 한다. 삼계는 끝이 없어 대해(大海)와 같은 미(迷), 고(苦)의 영역이므로 고해(苦海), 고계(苦界)라고 한다.

삼매(三昧) : 범어 samādhi. 삼마지(三摩地), 삼마제(三摩提), 삼마제(三摩帝)라고도 하며 등지(等持), 정(定), 정정(正定), 정의(定意), 조직정(調直定), 정심행처(正心行處)라 번역한다. 마음을 한 곳에 둔다는 뜻. 등지(等持)라는 역어는 마음의 들뜸과 가라앉음을 여읨으로 평등하여 편안한 것을 뜻하는데, 특히 지(持)는 마음을 하나의 대상에 머무르게 한다는 뜻이다. 곧 마음이 하나의 대상에 집중되어 산란하지 않은 상태를 가리킨다.

샤카무니(śākhyamuni) : 능인적묵(能仁寂默)으로 번역됨. 불교의 교조로서 석가(釋迦), 석가문(釋迦門)이라고도 약칭하는데, 석가는 종족을 이름하고 석가모니(釋迦牟尼)는 석가족의 성자(聖者)란 뜻이다. B.C. 623년 중인도 가비라의 성주 정반왕의 태자로 룸비니 동산 무우수(無憂樹) 아래에서 탄생함. 태어나자마자 사방으로 일곱 걸음을 걸으며 '천상천하 유아독존(天上天下唯我獨尊)'이라고 말했다 하며, 생후 7일째에 어머니 마야부인(摩耶夫人)이 죽어 이모 파사파제(波闍波提)의 손에서 자랐다. 35세의 나이에 깨달음을 얻어 부처가 되었다.

섭수(攝受)〔折伏〕 : 중생을 교화하는 순적(順的)인 방법으로서 중생의 사정에 따라 주는 것. 이에 대하여 중생의 악을 먼저 타파하는 역적(逆的)인 절복문(折伏門)이 있다.

섭수문(攝受門)〔折伏門〕 : 중생을 가르치고 인도하는 방법에 중생의 선(善)을 받아들여 섭취해서 인도하는 방법〔攝受門〕과, 중생의 악을 절복(折伏)하고 깨뜨려서 인도하는 방법〔折伏門〕이 있다. 일반적으로 절복은 섭수를 위한 앞 단계로 삼는데, 말법 시대에 있어서는 방편의 교(教)를 믿고 있는 자의 미망(迷妄)을 우선 깨치지 않으면 안 된다고 하여 절복문에 중점을 둔다.

성과(聖果) : 팔정도(八正道)와 육바라밀(六波羅密)의 성도(聖道)를 닦아 얻은 성자(聖者)의 과(果). 곧 열반(涅槃)을 말함.

성문(聲聞) : 범어는 śrāvaka. 소리를 듣는 사람이라는 뜻으로 '제자'라고도 번역한다. 부처님의 말씀을 듣고 깨닫는 것을 이른다. 원래는 불(佛) 재세시의 제자를 말하지만 연각(緣覺), 보살(菩薩)에 대하여 이승(二乘), 삼승(三乘)의 하나로 열거할 때에는 부처님의 교설(敎說)에 따라 수행을 하지만 자기 혼자만의 해탈을 목적으로 하여 출가한 성자(聖者)를 뜻한다. 성문을 위한 교를 성문승(聲聞乘), 그 교를 설한 경전을 성문장(聲聞藏)이라 한다.

성선(聖仙) : 부처님의 존호. 부처님은 선인(仙人) 가운데 성인(聖人)이기 때문에 성선(聖仙)이라 함.

세간(世間) : 범어는 loka. 약해서 세(世)라고도 함. 깨지고 부서지게 될 것, 곧 세상이라는 뜻. 세간(世間)에 속한 것도 세간(世間)(범어 laukika)이라고 함. 이런 경우는 세속(世俗), 범속(凡俗)의 뜻이다. 세상의 사물, 번뇌에 얽매여 헤어나지 못하고 있는 존재의 모든 현상을 가리킨다.

세존(世尊) : 범어는 bhagavat. 여래의 10호(號)의 하나로 불(佛)의 존칭. 세상 가운데에서 가장 높은 이 또는 세간에 존중받는 이라는 뜻이다. 정확하게 '세존'이라고 번역되는 범어는 loka-nātha(世主), loka-jyeṣṭha(세상의 최존자)이며 이밖에도 '세존'이라고 번역되는 범어는 많이 있다. 불교에서는 특히 불타의 존칭으로 쓰인다.

승가(僧伽) : 범어는 saṁgha. 약해서 승(僧)이라 하고 화(和), 중(衆)이라 번역한다. 화합(和合)의 뜻이다. 그런 까닭에 화합승(和合衆), 해중(海衆; 衆僧이 화합하는 것을 바닷물이 한 맛인 것에 비유하여 海라 한다)이라고도 하고, 또 범어와 한어를 아울러서 승려(僧侶)라고도 한다. 삼보(三寶)의 하나로 불법을 믿고 불도를 행하는 사람들의 집단을 말한다. 보통은 출가한 비구(比丘), 비구니(比丘尼), 사미(沙彌), 사미니(沙彌尼) 등 4중(衆)을 일컫는데 광의로는 재가(在家)까지도 포함하여 불교 교단 전체(곧 七衆)를 가리키기도 한다.

아귀(餓鬼) : 범어는 preta. 귀(鬼)로 번역. 전생에 악업을 짓고 탐욕을 부린 자가 아귀로 태어나 항상 기갈(飢渴)에 괴로워한다. 『순정리론(純正理論)』 권31에 3종의 아귀에 대하여 설하고 있다. ① 무재아귀(無財餓鬼) : 전혀 아무 것도 먹을 수가 없는 아귀 ② 소재아귀(少財餓鬼) : 고름, 피 등을 먹는 아귀 ③ 다재아귀(多財餓鬼) : 사람이 남긴 물건이나 사람이 주는 것만 먹을 수가 있는 아귀. 아귀의 본 주소는 염마왕계(閻魔王界)이고 염마왕이 그 주인이다. 무위덕귀(無威德鬼)는 아귀로 불리며 기갈에 괴로워하는데 유위덕귀(有威德鬼)는 하늘과 같아서 많은 복락(福樂)을 받는다고 한다.

아라한(Ārhanta) : 범어는 arhan. 그런데 이는 남성 단수 주격형이니 원형은 arhat. 응공(應供), 응(應), 불생(不生), 무생(無生)이라고 번역한다. 보통 협의로 풀이하여 소승불교에서 최고의 깨달음을 얻은 자를 가리킨다고 하는데 넓은 의미로는 소승, 대승을 통하여 최고의 깨달음을 얻는 자를 가리키는 말이다. 응공(應供)은 공양을 받는 데 응하는 이, 상응한 이, 공양을 받을 가치가 있는 이라는 뜻인데 '공양운운(供養云云)'은 보족(補足)한 말이고 응(應)은 확실히 이 말의 번역어이다. 응공 가운데에서 가장 훌륭한 것은 대응공(大應供)인데 보통 불타의 한 이름이다.

아수라(asura) : 범어는 asura. 약하여 수라라고도 한다. 육도(六道)의 하나. 팔부중(八部衆)의 하나. 십계(十界)의 하나. 고대 인도에서는 전투를 일삼는 일종의 귀신으로 간주되었고 항상 제석천(帝釋天; Indra 신)과 싸우는 투쟁적인 악신으로 여기었다. 거기에서 수라장(修羅場), 수라(修羅)의 구렁, 수라의 싸움 등의 말이 생겨났다. 또 아수라의 거문고를 아수라금(阿修羅琴)이라고 하며 아수라는 그 복덕(福德)으로 들으려고 생각만 하면 아무도 거문고를 타지〔彈〕 않아도 자연히 소리를 낸다고 한다.

아촉(阿閦) : 범어는 Akṣobhya. 부처님의 이름. 부동(不動), 무동(無動), 무노불(無怒佛)이라 번역된다. 옛적에 이 세계에서 동방으로 일천불국(一千佛國)을 지나 아비라제국(阿毘羅提國)이 있고 거기에서 대일여래(大一如來)가 주불(主佛)이 되었다. 아촉은 그 부처님께서 무진에(無瞋恚)의 원(願)을 발하고 수행을 완수하여 아비라제국에서 현재 설법을 하는 부처님이다. 아촉의 국토를 선쾌(善快), 환희(歡喜), 묘락(妙樂)이라 함은 아비과제(Abhirata)의 번역이다. 또한 밀교에 따르면 아촉불은 금강계(金剛界)의 오지여래(五智如來) 가운데 동방에 거주하며 왼손에는 주먹을 쥐고 오른손에는 범함(梵函)을 들고 있으며 황금색이다.

악성(惡性) : 삼성(三性)의 하나. 탐(貪), 진(瞋), 치(痴)의 악심(惡心)과 악심으로 저지른 일체의 악업(惡業)은 현세, 내세에 걸쳐 나와 남을 더불어 위훼(違毁)하고 해훼(害毁)하는 일이므로 악성이라 한다.

악차(惡叉) : 악차수(惡叉樹).

악차수(惡叉樹) : 범어는 akṣa. 명노날라차(嗚嚧捺囉叉; rudrākṣa)라고도 하는데 식물 이름이다. 그 과실은 많은 수가 한 곳에 모여서 생기기 때문에 악차취(惡叉聚)라고 하고, 모든 경론에는 하나의 덩어리 중에 다수의 종류가 있다는 뜻의 비유로 쓰인다. 과핵(果核)은 정관주(綖貫珠), 금강자(金剛子)라 하는데 꿰어서 염주(念珠)를 만든다.

야차(夜叉) : 범어는 yakṣa. 위덕(威德), 포악(暴惡) 등으로 번역. 여기에는 천야차(天夜叉), 지야차(地夜叉), 허공야차(虛空夜叉)의 3종이 있고, 이 가운데 천야차, 허공야차는 날아다니는데 지야차는 날지 못한다고 한다.

약사(藥師) : 범어는 Bhaiṣajjyaguru-vaiḍūrya. 정확히는 약사유리광여래(藥師琉璃光如來)임. 동방 정유리 세계의 교주(敎主). 이 부처님은 과거에 12대원을 세워서 이 세상 중생의 질병을 치료하고 수명을 연장시키고 재화(災禍)를 없애 주고 의복과 음식을 만족하게 하고 또 부처의 행을 닦아 무상보리의 묘과(妙果)를 증득하게 한다고 서원한다. 형상은 큰 연화(蓮花) 위에 있어서 왼손에 약병을 들고 오른손에 시무외인(施無畏印)을 맺었거나 또는 오른손을 들고 왼손을 내리고 있기도 하는 등 여러 가지가 있다.

업장(業障) : 3장(障)의 하나. 악업에 의해 생겨난 장해(障害)를 가리킴. 언어, 행위, 마음으로 악업을 지어 정도(正道)를 방해하는 장애(障碍).

여래(如來) : 범어 tathāgata. 진리, 곧 여(如)에 따라서 왔고 진여(眞如)에서 현출(現出)한 이, 곧 불타를 말함. 위없는 높은 분이라고 하는 의미로 무상(無上)의 무상(無上), 곧 무상상(無上上)이라고도 한다. 여래에는 10가지 별칭이 있어서 여래 10호(號)로 불린다. ① 응공(應供), 아라한(阿羅漢) : 상응한 이의 뜻으로 사람, 하늘로부터 존경받고 공양받을 자격이 있는 이. ② 정변지(正編知) : 바르고 완전하게 진리를 남김 없이 깨달은 이, 등정각(等正覺). ③ 명행족(明行足) : 모든 행동이 다 완전한 자. ④ 선서(善逝) : 범어 sugata의 번역. 잘 가는 이라는 뜻으로 미(迷)의 세계를 잘 뛰어넘어서 미(迷)의 세계로 돌아오지 않는 것. ⑤ 세간해(世間解) : 세간, 출세간의 일을 다 아는 이. ⑥ 무상사(無上士) : 세간에서 가장 높은 이. ⑦ 조어장부(調御丈夫) : 중생을 잘 조복(調伏), 제어(制御)해서 열반에 인도하는 이. ⑧ 천인사(天人士) : 천(天)과 인(人)의 사장(師匠). 미(迷)의 세계에 있는 중생을 다 가르쳐서 인도하지만 하늘과 사람을 인도하는 일이 가장 크므로 천인사라 한다. ⑨ 불(佛) : 불타의 약칭. 깨달은 이, 눈뜬 이. ⑩ 세존 : 많은 덕을 갖추어서 세간에서 존경받는 이. 여기에 여래라는 말을 덧붙이면 11호가 된다.

여래부(如來部) : 태장계(胎藏界) 삼부(三部)의 하나. 또는 불부(佛部). 대일(大日), 석가(釋迦) 등 제불(諸佛)의 부류(部類).

연화부(蓮花部) : 금강계(金剛界) 5부(部)의 하나. 또 태장계 3부의 하나. 중생의 마음 가운데에 있는 정보리심(淨菩提心).

열반(涅槃) : 범어는 nirvāṇa. 적(寂), 멸(滅), 적멸(寂滅), 멸도(滅度)로 번역된다. 해탈(解脫) 등과 동의어로 반열반(般涅槃), 대반열반(大般涅槃)이라고도 한다. 원래는 불어 끈다는 뜻, 불어 끈 상태, 곧 타오르는 번뇌의 불을 멸진(滅盡)해서 깨달음의 지혜인 보리를 완성한 경지를 말한다.

예류(과)(預流果) : 범어는 srota-āpanna. 예류과(預流果)는 초과(初果)라고도 하여 견도(見道)에서 3계(界)의 견혹(見惑)을 끊어버려서 바로 무루(無漏)의 성도(聖道)에 들어간 자리.

오역(五逆) : 다섯 가지의 극악무도한 중죄(重罪)를 말함. ① 소승(小乘)의 오역 : 살모(殺母), 살부(殺父), 살아라한(殺阿羅漢), 출불신혈(出佛身血), 파화합승(破和合僧, 破戒) ② 대승(大乘)의 오역 : 탑·불상 파괴, 불법 비방, 출가자 수행 방해, 소승 오역 중 둘을 범함, 십불선업(十不善業)을 행함.

외도(外道)〔內道〕: 범어는 tīrthaka. 인도에 있어서의 불교 이외의 교(敎). 내도라고 하는 것에 대한 대칭. 인도에서 외도로 알려지고 있는 것에 육사외도(六師外道), 육파철학파(數論, 瑜伽, 勝論, 正理, 聲論, 吠檀多)가 있다.

월광동자(月光童子) : 마갈타국 왕사성의 장자 덕호(德號)의 아들. 덕호는 부처님을 믿지 않고, 동자의 간함을 듣지 않아 불구덩이를 만들어 부처님을 살해하려 하였다. 부처님이 오실 때에 불구덩이가 변하여 서늘한 못이 됨을 보고 크게 뉘우쳐 불타께 귀의하여 수다원과를 얻었다. 부처님은 월광동자가 미래에 성불하리라 예언하고 불멸 후 지나(支那)의 왕이 되어 3보(寶)를 융성하게 하리라고 말하였다 함.

유순(由旬) : 범어는 yojana. 화(和), 화합(和合), 응(應)으로 번역된다. 인도의 이정(里程)의 단위. 8 또는 4 구노사(俱盧舍)를 1유순으로 함. 멍에를 황소 수레에 걸고 하루의 길을 가는 여정을 말한다. 흔히 40리에 해당된다고 하는데 실제 거리에 대해서는 이설(異說)이 많다.

윤회(輪廻) : 범어는 saṁsāra. 수레바퀴가 굴러서 끝이 없는 것과 같이, 중생이 번뇌와 업에 의해서 삼계육도(三界六道)의 미(迷)한 생사세계를 거듭하면서 돌고돌아 그치지 않는 것. 이 윤회설은 사람이 죽은 뒤 영혼이 그 몸에서 떨어져 초(草), 목(木), 조

(鳥), 수(獸) 등에 깃들인다는 전주설(轉住說)에서 발전한 것이다. 이 생각은 인도에서 유명한 업설(業說)과 결합되어 멀리 우파니샤드 시대부터 끊임없이 전해졌다.

응공(應供) : 범어는 arhat. 응수공양(應受供養)의 뜻. ① 아라한(阿羅漢)과 같음. 가치 있는 사람, 존경할 만한 사람, 세상에서 존경을 받을 수 있는 사람, 세인의 공양에 상응(相應)할 수 있는 사람, 모든 번뇌를 끊어서 타인으로부터 공양을 받을 만한 자격이 있는 사람의 뜻 ② 소승에서 무학과(無學果)의 성자(聖者)를 말함. 여래를 일컫기도 한다.

인드라 신(神) : 범어는 Indra. 제석천(帝釋天), 천주(天主), 제(帝)라 번역. 인도 신화 가운데에서 가장 뛰어난 신으로 뇌(雷), 전(電), 풍우(風雨)를 주관하고 마신(魔神), 아수라(阿修羅) 등과 싸워 인류를 보호한다고 한다.

일래과(一來果) : 범어는 sakṛdāgāmin. 성문사과(聲聞四果)의 하나. 욕계수혹(欲界修惑)의 9품 가운데 상육품(上六品)을 끊은 성자(聖者)를 말한다. 나머지 하삼품의 혹(惑)은 사람과 하늘에 각각 일생을 감생(感生)하므로 인간에 있으면서 이 과(果)를 얻으면 반드시 천상에 났다가 다시 인간에 와서 열반에 든다. 또 천상에 있어서 이 과를 얻으면 인간에 갔다가 다시 천상에 돌아와서 열반에 든다. 이와 같이 천상과 인간을 일왕래(一往來)하는 까닭에 일왕래과라고 한다.

절복(折伏) : 나쁜 사람 또는 나쁜 외도(外道)나 사도(邪道) 등을 꺾어 굴복시키는 것.

정령(精靈) : 망령. 죽은 이의 영혼. 불교에서는 실체로서의 영혼을 인정하지는 않지만 윤회의 주체, 선악의 행위, 윤리도덕의 주체를 인정하지 않는 것은 아니다. 또 민속신앙 등의 영향을 받은 바의 정령을 제사하고 사령(死靈), 원령(怨靈)을 천도하는 의식이 행하여지고 있으며, 사자(死者)의 영을 존경하여 영령(英靈), 성령(聖靈)이라 하고 특히 우란분회(盂蘭盆會)에는 망령을 천도(薦度)하는 법회가 널리 행하여지고 있다.

정례(頂禮) : 오체투지(五體投地), 접족례(接足禮), 두면례(頭面禮)라고도 함. 극경례(極敬禮)의 하나로 상대의 발에 머리가 닿도록 하는 인도의 절하는 법의 하나.

정변지각(正徧知覺) : 바르게 두루 깨달은 사람. 여래(如來).

조복(調伏) : 조화제복(調和制伏). 내적으로는 자기 자신을 제어(制御)하여 악덕을 떨쳐버리는 것을 말하고, 외적으로는 적의(敵意)를 가진 자를 교화(敎化)하여 악심을 버리게 하여 장애를 격파하는 것을 일컫는다. 율장(律藏)을 조복장(調伏藏)이라고 하는 것처럼 율(律)과 동의어로 쓰이는 것은 전자의 경우이고, 밀교에서 원적악마(怨敵惡魔) 등을 신복(信服)시키기 위해 하는 수법(修法)을 조복법(調伏法)이라고 하는 것은 후자의 경우이다.

지송(持誦) : 경전, 다라니 등을 잘 받들어 읽고 외우는 것.

차문다(cāmunda) : 기시귀(起尸鬼)라 번역되며 악귀의 이름. 야차취(夜叉趣)에 속하며 이 주문으로 사람을 해롭게 한다고 한다.

천녀(天女) : ① 범어는 Devakanya. 욕계육천(欲界六天)에 사는 하늘 여인. 색계, 무색계에는 음욕(婬欲)이 끊어졌으므로 남녀의 구별이 없다고 한다. ② 변재천녀(辯才天女)와 같은 여신의 이칭(異稱)으로도 쓰인다.

천녀형(天女形) : 불상 모습의 한 형태. 자비의 모습을 하고 우아한 여성의 모습을 빌린 보살이나 천부(天部), 예컨대 변재천(辯

才天), 길상천(吉祥天) 등을 말하는 것이다.

칠구지(七俱胝) : 칠구지불모존(七俱胝佛母尊)을 말함.

칠구지불모(七俱胝佛母) : 준제관음(准提觀音)을 말함. 칠구지는 칠억(七億)이라는 뜻. 관음보살(觀音菩薩)의 광대한 덕(德)을 일컫는 말.

칠구지불모존(七俱胝佛母尊) : 범어는 saptakoṭibuddha-mātṛ. 준제관음(准提觀音)의 이명(異名). 태장계(胎藏界) 만다라 제이불모원칠존(第二佛母院七尊) 중의 하나. 구지(俱胝)는 칠억(七億)이다. 석가여래께서 급고독원(給孤獨園)에 계실 때 준제삼마지(准提三摩地)에 들어가서 과거 칠억불이 설한 준제다라니(准提陀羅尼)를 설하므로 과거불(過去佛)의 소설(所說)에 약(約)하여 칠구지(七俱胝)라 함. 다라니의 주(主)에 약(約)하여 준제(准提)라 하며 이는 연화부(蓮華部)의 어머니가 된다. (모든 佛에도 部母와 部主가 있다.) 연화부 제존(諸尊)의 공덕을 생하므로 불모존(佛母尊)이라 함. 백황색(白黃色)이며 십팔비(十八臂)로 변신(遍身)에 백색경라금(白色經羅錦)의 무늬가 있다. 『칠구지불모소설준제다라니경(七俱胝佛母所說准提陀羅尼經)』에 '미래의 박복(薄福)한 중생을 민념(愍念)하므로 곧 준제삼마지에 들어가서 과거 칠불이 설한 다라니를 설한다' 하였음.

화신(火神) : 화천(火天), 화존(火尊)이라고도 한다. 불을 담당하는 신. 『대일경(大日經)』 「세출세호마품(世出世護摩品)」에 『비타경(毘陀經)』의 화신(火神) 44종과 내법(內法)의 화신 12종을 들었다.

흑야신(黑夜神) : 범어 Kālarātri. 흑암녀(黑闇女), 흑암천(黑闇天), 흑야천(黑夜天) 등으로 번역. 길상천(吉祥天)의 누이동생으로 항상 길상천을 따라 모신다. 얼굴이 추악하여 이르는 곳마다 공덕을 소모케 하고, 사람에게 재난을 준다는 신이다. 밀교에서는 이를 염마왕(閻魔王)의 왕비라 하여 태장계(胎藏界) 만다라 외금강부원에 둔다.

참고 문헌

석인기(釋仁基) 역(1989),『大如來佛頂楞嚴呪』, 한국불교연구소

김진열(1993),『楞嚴經研究入門』, 운주사.

佛教學大辭典編纂委員會(1993), 『佛教大辭典』, 明文堂.

이지수 역(1993: 스가누마 아키라),『산스끄리뜨의 기초와 실천』, 민족사.

허용하(1994),『佛教辭典』, 동국역경원.

홍사성 편(1994),『佛教常識百科』上·下, 불교시대사.

平川彰 편(1997),『漢梵大辭典』, 東京, 靈友會.

佛教學大辭典編纂委員會(1998),『佛教學大辭典』, 弘法院.

淨園 역(연대?),『楞嚴經神呪經』(강의 노트), 淸光寺.

김민수 외(2001),『고려대장경의 고전범어문법연구』(대장경파니니문법연구 총서 1), 月印.

김민수 외(2001),『파니니문법의 규범생성모형연구』(대장경파니니문법연구 총서 2), 月印.

김월운 외 역(2001), 한글 대장경 『首楞嚴經 外』, 동국역경원.

김민수 외(2002),『우리말의 규범생성문법연구』(대장경파니니문법연구 총서 3), 月印.

전수태(2002), 『산스크리트 문법』, 박이정.

Renou, Louis(1966), *La grammaire de Pāṇini traduite du sanskrit avec des extraits des commentaires indigènes.* Revised edition. Paris: Ecole Française d'Extreme-Orient. 2v.

Staal, J. F., ed.(1972), *A Reader on the Sanskrit Grammarians.*(Studies in Linguistics, 1). cambridge & London: MIT Press.

Katre, S.M.(1981), *A Glossary of Grammatical Elements and Operations in Aṣṭādhyāyī.*(CIIL Occasional Monograph Series, 20). Mysore: Central Institute of Indian Languages.

Katre, S.M.(1987), *Aṣṭādhyāyī of Pāṇini:* in Roman Transliteration by Sumitra M.Katre. Austin: university of Texas Press.

찾아보기

(ㄱ)··························
개구여신(開口女神) 106
건고병(乾枯病) 251
광란귀(狂亂鬼) 205
광병마(狂病魔) 142, 233
구라 신(神) 91
금강동여신(金剛童女神) 102, 208
금강모신(金剛母神) 95
금강부(金剛部) 58
금강설녀신(金剛舌女神) 96
금강소여신(金剛鎖女神) 102
금강수(金剛手) 264
금강수신(金剛手神) 179
금강수여신(金剛手女神) 103
금강저(金剛杵) 262
금강저여신(金剛杵女神) 98
금강취여신(金剛嘴女神) 107
금민여신(金鬘女神) 104
금시조(金翅鳥) 196
기시귀(起屍鬼) 249
기후귀 141, 200
긴나라 신(神) 196

(ㄴ)··························
나찰귀(羅刹鬼) 117, 138, 230
나찰신(羅刹神) 198
나형외도(裸形外道) 173

(ㄷ)··························
닭 형귀(形鬼) 237
당왕(幢王) 75
대금강(大金剛) 257
대금강저(大金剛杵) 126
대력여신(大力女神) 101
대수주(大獸主) 156
대신비(大神妃) 212
대악성(大惡星) 87
대천수여신(大千手女神) 124
대화염신(大火焰神) 92
대흑색녀신(大黑色女神) 216
대흑천신(大黑天神) 52, 162, 211
독수리 형귀(形鬼) 235
동국역경원 19
등정각자(等正覺者) 35, 38, 64, 66, 69

(ㄹ)··························
루드라 신(神) 48, 156, 219

(ㅁ)··························
마등가 23

마트리 여신중(女神衆) 55
마형귀(馬形鬼) 236
마후라카 신(神) 197
명주(明呪) 44, 205, 207, 260
명주여신(明呪女神) 104
명주여왕신(明呪女王神) 210
무량광(無量光) 63
무애자(無碍者) 191
밀적천(密跡天) 180

(ㅂ)…………………………
백산개(白傘蓋) 184
백산개여신(白傘蓋女神) 187
백의여신(白衣女神) 94
뱀 형귀(形鬼) 237
범천(梵天) 46, 214
보부(寶部) 58
보살 38
불공자(不空者) 190
불정여신(佛頂女神) 105
비슈누 신(神) 213

(ㅅ)…………………………
사교과(四教科) 19
사마귀신 119
사신(死神) 217
사자매여신(四姉妹女神) 208
삼궁성(三宮城) 52
상부(象部) 59
샤카무니 72
성문(聖聞) 40
성문(聲聞) 203
세존 48, 74
소아병마(小兒病魔) 142
소아병마귀(小兒病魔鬼) 232
수궁부녀귀(守宮婦女鬼) 140, 232
수신(水神) 252
시육귀(屍肉鬼) 139
식곡물귀(食穀物鬼) 227
식골수귀(食骨髓鬼) 225
식공물귀(食供物鬼) 226
식과실귀(食果實鬼) 227
식생기귀(食生氣鬼) 223
식생아귀(食生兒鬼) 225
식수명귀(食壽命鬼) 225
식육귀(食肉鬼) 224
식지귀(食脂鬼) 146
식태아귀(食胎兒鬼) 223
식향훈귀(食香薰鬼) 226
식혈귀(食血鬼) 224
식화귀(食花鬼) 227
12유순 30

(ㅇ)…………………………
아귀(餓鬼) 138, 230
아난(阿難) 23

아라한 175
아수라 195
아촉(阿閦) 65
압고여귀(壓蠱女鬼) 250
압고여귀(壓蠱女鬼) 234
야차귀(夜叉鬼) 116, 137, 229
야차신(夜叉神) 194
약사유리(藥師琉璃) 67
양두귀(羊頭鬼) 142
양두여고귀(羊頭女孤鬼) 203
양두여고귀(羊頭女狐鬼) 234
여래 33, 73
여래부(如來部) 56
여래불정 183
여래정(如來頂) 26
여매(女魅) 143, 235
연화부(蓮華部) 57
열 학질귀 238
열병귀 202
염광신(炎光神) 93
영귀(影鬼) 143, 233
예류[(預流(果)] 41
오대인(五大印) 51
외도사(外道士) 204
용신(龍神) 193
월광여신(月光女神) 108
음악신 194
응공(應供) 35, 40, 64, 66, 69
인드라 신(神) 47, 218
일래[一來(果)] 42

(ㅈ)……………………………
정령귀(精靈鬼) 140, 231, 249
정례(頂禮) 51
주희귀(呪喜鬼) 236
지송(持誦) 26
진여신(瞋女神) 95

(ㅊ)……………………………
차문다 신(神) 218
찬다 신(神) 91
천두여신(千頭女神) 124
촉루신(髑髏神) 219
최승여신(最勝女神) 95
칠구지(七俱胝) 38

(ㅌ)……………………………
태백여신(太白女神) 100
투전외도(鬪戰外道) 170

(ㅎ)……………………………
현도천녀신(賢度天女神) 94, 100
화신(火神) 216, 252
후귀 141, 199
흑야신(黑夜神) 219